事業者必携

抵当・保証の法律と担保を
めぐるトラブル解決法

認定司法書士
松岡 慶子 監修

三修社

　　　　　　　本書に関するお問い合わせについて
　本書の記述の正誤、内容に関するお問い合わせは、お手
数ですが、小社あてに郵便・ファックス・メールでお願い
します。お電話でのお問い合わせはお受けしておりません。
内容によっては、ご質問をお受けしてから回答をご送付す
るまでに1週間から2週間程度を要する場合があります。
　なお、本書でとりあげていない事項や個別の案件につい
てのご相談、監修者紹介の可否については回答をさせてい
ただくことができません。あらかじめご了承ください。

はじめに

　取引社会では、相手方の支払能力に信用を与えて、先に商品を納品したり、お金を貸し付けたりする「与信取引」が頻繁に行われています。この与信取引では、将来、債権を回収できる確証はなく、相手方の経済状況が悪化すれば債権を回収できないといったリスクを負担することになります。こうしたリスクを回避ないしは低減し、確実に債権を回収するために利用されているのが「担保制度」です。

　担保には、大きく保証人や連帯保証人など第三者の財産を債務の引き当てとする「人的担保」と、抵当権や質権など特定の財産により債権を担保する「物的担保」があります。物的担保では不動産だけでなく、機械や、納品した商品なども担保にとることができます。物的担保は最終的には競売により換価され、換価金の配当により債権の回収をはかることになるため、他の債権者との競合の有無や、換価のしやすさおよび価値の安定性などを考慮して何を担保にとるのかを決定する必要があります。

　本書では、保証や抵当権、譲渡担保といった担保制度のしくみや特徴、手続きの進め方などを中心に、担保権の設定を受けていない場合の債権回収の方法や、支払がなされない場合の法的手段の実行方法、信用不安のある債務者への対処方法や時効消滅の回避など、債権回収をめぐる問題をうまく解決するためのノウハウを実践的に解説しているのが特長です。

　また、平成29年6月の民法改正に伴う消滅時効、保証、債権譲渡、相殺、詐害行為取消権などの改正点なども踏まえた内容になっています。本書を通じて、ビジネスの現場で奮闘されている皆様のお役に立てれば幸いです。

監修者　認定司法書士　松岡　慶子

Contents

はじめに

第1章　担保制度の基本

1　担保とはどんなものなのかを知っておこう　　　　　　　10

2　法定担保物権について知っておこう　　　　　　　15

3　その他の回収手段について知っておこう　　　　　　18

4　各種回収手段の長所と短所を知っておこう　　　　　22

　　相談　乙区の記載事項と読み方がよくわからない　　　24

　　相談　融資に際して担保をとる場合にはどんな方法があるか　26

　　相談　債権を借金の担保にする方法はあるか　　　27

　　相談　債務者以外の第三者の財産を担保にしたい場合　28

第2章　債権回収の実務

1　無担保債権の回収はどうする　　　　　　　　30

　　相談　他人の強制執行に便乗する方法　　　　34

2　裁判所を通さない担保権の実行方法について知っておこう　35

3　取引先の信用調査をする　　　　　　　　38

4　債権の時効消滅に注意する　　　　　　　42

　　相談　他人の債務について抵当権を設定した者の時効の主張　46

5　債務者の態度に応じて回収方法を変える　　　47

6　適切な書面作成をこころがける　　　　　49

7　公正証書で契約書を作れば効力を強化できる　　51

8　トラブルになったら内容証明郵便を出す　　　55

9　支払督促で回収を図る　　　　　　　60

10　話し合いができるなら民事調停を活用する　　64

11 訴訟を起こす場合には何に気をつけるか　　　66

12 少額訴訟手続について知っておこう　　　70

13 手形訴訟・小切手訴訟について知っておこう　　　72

Column　即決和解とは　　　74

第3章　債権保全・執行手続

1 保全手続とはどんな手続きなのか　　　76

2 強制執行について知っておこう　　　82
　　相談 強制執行の対象に第三者の所有物があった場合　　　86

3 財産開示手続について知っておこう　　　87

4 強制競売について知っておこう　　　89

5 強制管理による執行という手段もある　　　92

6 担保にとっている不動産を競売する　　　94

7 任意売却について知っておこう　　　97
　　相談 任意売却をした際に債権者が気をつけること　　　103

8 担保不動産収益執行について知っておこう　　　104

9 動産執行・動産競売について知っておこう　　　107

10 債権執行について知っておこう　　　110

11 責任財産の保全について知っておこう　　　115

Column　民法改正の影響と経過措置規定　　　118

第4章　保証・連帯保証・根保証のしくみ

1 保証について知っておこう　　　120
　　相談 主たる債務者の抗弁権を主張できるか　　　123

2 保証にはどんな種類があるのか 124

相談 貸金の根保証契約で限度額・期間の定めは必要か 127

3 保証人の資格や責任について知っておこう 128

相談 主たる債務者の資力に不安を感じている 131

相談 保証契約締結時から時間が経過したので保証人をやめたい 132

4 保証契約を締結する際の注意点について知っておこう 134

相談 融資に際して保証人を立てさせたいがどうすればよいか 138

相談 法人が保証人になれるか 139

相談 代表取締役をやめたときには保証人を辞めることはできるか 140

5 保証人からの回収を検討する際にこれだけはしておこう 141

相談 保証契約の無効、取消しができる場合 146

相談 消費者契約法による保証契約の取消し 148

相談 だまされて保証人になった 150

相談 債権譲渡で債権者が代わった場合の法律関係 151

6 連帯保証について知っておこう 153

相談 連帯保証と連帯債務とはどう違う 156

相談 連帯保証人がいる場合どんな方法で債権回収をすればよいか 157

相談 連帯保証人の資力の有無 158

相談 連帯保証人がいるのに保証会社をつける場合 159

相談 離婚した場合に連帯保証人をやめることはできないのか 160

7 物上保証のしくみや保証との違いについて知っておこう 162

8 保証人が支払った場合の法律関係について知っておこう 164

9 複数の保証人がいる場合の求償関係について知っておこう 168

相談 連帯保証人が債務を支払う場合 170

第5章　抵当権・根抵当権のしくみ

1　抵当権について知っておこう　172
- 相談　融資に際して抵当権を設定するにはどうすればよいか　177
- 相談　将来の貸金について抵当権を設定できるか　178
- 相談　住宅ローンを組んだときの保証会社の役割　179
- 相談　建物に設定した抵当権は雨戸や畳にも及ぶのか　180
- 相談　更地に抵当権を設定した後に建物が築造された場合　181
- 相談　抵当権を設定した土地で立木が伐採されているが　182

2　根抵当権について知っておこう　183
- 相談　根抵当権の設定契約上の注意点　186

3　抵当権はどのように実行されるのか　187
- 相談　抵当権などの担保権はどのように実行されるのか　189
- 相談　抵当権を設定する場合の登記の手続き　190
- 相談　抵当権設定の登記をしなくても優先的に弁済を受けられるか　191
- 相談　債務者が抵当物件の管理を怠っている場合　192
- 相談　抵当物件が税務署に差し押さえられた場合　193
- 相談　仮差押の登記の後に抵当権の登記がなされている場合　194
- 相談　抵当物件が焼失した場合に抵当権はどうなるか　195
- 相談　抵当権消滅請求とはどんな制度なのか　195

第6章　譲渡担保・仮登記担保・所有権留保のしくみ

1　譲渡担保について知っておこう　198
- 相談　譲渡担保を設定するときの注意点　202
- 相談　動産競売開始許可の決定制度を利用できる場合　203

2　所有権留保・仮登記担保について知っておこう　204
- 相談　仮登記担保権を実行する場合にはどんな手続をとればよいか　207
- 相談　借金額より仮登記担保をつけた不動産の方が高額だった　208

第7章　債権譲渡・弁済・相殺のしくみ

1 債権譲渡と譲渡制限特約の関係について知っておこう　210

　　相談　譲渡制限特約付きの債権の債務者の供託　213

　　相談　債権譲渡を受けたがどんな手続が必要か　214

2 将来債権の譲渡、対抗要件について知っておこう　215

3 弁済について知っておこう　217

4 弁済の方法にはどのようなものがあるのか　221

　　相談　弁済目的物の供託はどのようにすればよいのか　224

5 弁済による代位がなされる場合について知っておこう　226

6 法定代位者相互の関係について知っておこう　228

7 相殺について知っておこう　232

8 債権譲渡と相殺の関係について知っておこう　237

第8章　支払猶予の申出や倒産の危険がある場合の対処法

1 債務者の危険信号を察知しよう　240

2 危険な債務者から債権をどうやって回収するのか　242

　　相談　倒産寸前の相手から未回収の売掛代金を回収したい　245

　　相談　支払猶予を頼まれたがどう対処すればよいか　246

　　相談　分割払いへの変更を求められたがどう対処すればよいか　247

　　相談　支払猶予の条件としてどのようなものが考えられるか　248

　　相談　借金の担保として手形が振り出される場合の注意点　249

　　相談　機械の売買代金の返済を貸金の返済に変更するとどうなる　250

3 倒産について知っておこう　251

　　相談　取引先が倒産したので売掛債権と借金を相殺したい　254

　　相談　融資先の会社が倒産したが代表者に返済を請求できるか　255

第 1 章

担保制度の基本

担保とはどんなものなのかを知っておこう

人的担保と物的担保の違いを知っておく

◉ 担保とは

あなたが友人にお金を貸す場合は、担保などはとらないのが通常ではないでしょうか。それは友人間で貸し借りをするような場合、金額も安く、友人が返済するのが通常であるから、あえて担保をとるなど面倒な手続きをする必要がないと考えるからでしょう。

ところが、銀行などの金融機関が多額の融資をする場合は、相手方から確実に代金を回収できるようにするため、融資に際して何らかの担保をとるのが取引社会の常識です。仮に、相手方が倒産した場合には、「一般債権者」(担保をとっていない債権者のこと)よりも、抵当権などをもつ担保権者が優先して債権を回収することができます。

このように契約の相手方が倒産するなどして、返済が困難になった場合のリスクを回避する手段として、**担保制度**が活用されるのです。

なお、担保をつけられた債権のことを**被担保債権**と呼びます。被担保債権は、売買代金・請負報酬・貸金債権などの金銭債権であるのが通常です。

◉ 保証とは

貸金などを担保するための制度として、**保証**があります。

たとえば、融資をしている債権者は、債務者本人の財産に加えて、保証人という第三者の財産も引き当てとすることができます。債務者の資力に不安がある場合に、資力がある人を保証人とすることで、債権の回収を確実にします。

保証は、保証人という「人」の財産すべてを担保とする制度である

ことから、**人的担保**と呼ばれています。

　人的担保の設定手段はそれほど煩雑ではありませんが、保証人に資力があるかどうかによって確実に債権を回収できるかどうかが決まるため、担保としては不確実であるというデメリットがあります。

◉ 物的担保とは

　債務者以外の第三者（保証人）の財産すべてが担保となる保証に対して、債務者本人または第三者のもつ特定の財産を担保とする制度があります。代表的なのは、土地や建物を担保とする抵当権です。その他に、質権や譲渡担保、仮登記担保などがあります。

　これらは、債務者または第三者の「特定の財産」つまり物を担保とすることから、**物的担保**と呼ばれます。物の価値はある程度一定していますので、担保としては確実性・堅実性があるといえます。物的担保は、留置権など法律上当然に発生する**法定担保物権**と、抵当権や質権など当事者間の合意（契約）によって担保権が発生する**約定担保物権**に分けられます。

■ 物的担保と人的担保

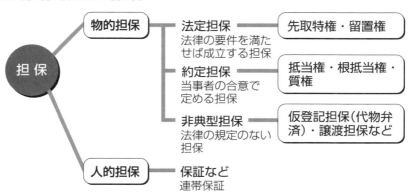

● 抵当権とは

　抵当権は、債務者に対する特定の債権の回収を確実にするために、債務者または第三者の不動産に設定するものです。不動産が担保の目的物となった後も、設定した債務者・第三者（抵当権設定者）は、引き続きその不動産を使用・収益することができますが、債務者が債務を履行できない場合には、債権者（抵当権者）が抵当権の実行を申し立てると、不動産の競売が行われます。そして、その売却代金の中から他の債権者に優先して弁済を受けることができます。

　なお、抵当権の特別なものとして根抵当権があります。根抵当権は、債権者・債務者間で増減変動する一定の範囲に属する多数の債権を、極度額という一定の金額の範囲内で担保するものです。

● 質権とは

　質権は、債権者が自己の債権を担保するために、債務者（または第三者）の所有物を預かる形式の担保物権です。債務の弁済がなされないときには、債権者（質権者）は、債務者（質権設定者）から預かった所有物を競売（94ページ）して債権を回収します。

　質権は、その目的の種類によって、動産質・不動産質・権利質に分けられますが、不動産質はほとんど利用されていません。質権の多くは動産質です。動産質を成立させるには、質権設定の合意に加えて、債権者が債務者から目的物（質物）を実際に預かることが必要です。

　また、質権の目的は動産や不動産といった「物」に限定されるわけではなく、広く財産権を含みます。財産権（知的財産権など）を目的とする質権を権利質といい、特に債務者の第三者に対する債権を質権の目的とする場合を債権質といいます。たとえば、A（質権者）がB（質権設定者）に対して債権をもっていて、BがC（第三債務者）に対して債権をもっているとします。このとき、AがBとの間で「BのCに対する債権」を目的として質権を設定する場合です。権利質の中

でもよく利用されるのが債権質です。

　債権質の利点は、質権者が質権の目的である債権を直接取り立てることができる点にあります（取立権）。前述した例では、Aは「BのCに対する債権」をBに代わってCから直接に取り立てて、それを自己の債権の回収に充てることができます。したがって、債権質の目的になる債権は、原則として譲渡可能な債権でなければなりません。

　債権質が設定されると、質権設定者および第三債務者は、質権の目的である債権の財産的価値を下げる行為をすることは許されません。つまり、質権設定者は、債権質の目的である債権を自ら取り立てることはもちろん、相殺・免除・放棄などの債権を消滅させる行為をすることもできなくなります。また、第三債務者（質権設定者との間で、質権設定者に対して債務を負っている人）も、自らの債権者である質権設定者に対して弁済を行うことができません。

　債権質は、原則として質権設定の合意により成立します。ただし、債権譲渡に証書の交付が必要なもの（手形・小切手など）を質権の目的とする場合は、質権設定の合意に加えて、質権者が証書の交付を受けることにより成立します。また、質権者が第三債務者に対して質権

■ **質権（債権質とは）**

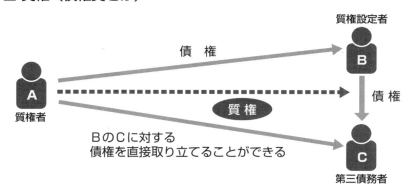

を主張する場合には、第三債務者への質権設定の通知、または第三債務者による質権設定の承諾が必要になります。

● 譲渡担保とは

　抵当権は担保権として利便性が高いのですが、不動産にしか設定することができないという欠点がありました。

　そこで、抵当権の利便性を活かしながらも、もう少し制約の緩やかな担保の手段が取引の世界では要請されてきました。そこから生まれたのが、譲渡担保という担保方法です。これは、担保目的物の所有権を債権者に移転して、それを債務者が引き続き借りておくという形のものです。譲渡担保は、工場に備えつけの機械や、倉庫に保管してある在庫商品など、担保化のための明確な規定がない財産を担保にとる場合に、広く利用されています。抵当権の実行には競売などの裁判所を通じた執行手続きをする必要がありますが、譲渡担保の場合は、優先的に弁済を受けるための手続きが比較的容易です。

● 仮登記担保・所有権留保とは

　仮登記担保とは、債権の担保として、債務者が所有する不動産に仮登記をする担保方法です。債務者が債務の履行を怠ったとき、当然にあるいは債権者の意思表示によって、不動産の所有権が債務者から債権者に移転する契約を結び、その旨の仮登記をします。債権者は不動産の競売の申立てはできませんが、他の債権者の申立てによる競売開始後は、仮登記のまま優先的に配当を受けることができます。

　所有権留保とは、売買契約において、売買代金が支払われるまで、売買目的物の所有権を売主に留保する担保方法です。買主の代金不払いのときには、売主は所有権に基づいて目的物を取り戻し、売買代金に充てることができますから、特に代金債権を担保する制度として機能することになります。

2 法定担保物権について知っておこう

留置権と先取特権がある

● 留置権とは

　たとえば、あなたが腕時計を販売店に修理に出した場合、修理代金が5000円であるとしましょう。この場合、販売店は、あなたから代金が支払われるまで、修理のため預かった時計の返還を拒むことができます（留置することができます）。このように、販売店が時計の返還を拒める権利のことを留置権といいます。留置権は、債務の支払いが完了するまで目的物を返還しないとすることで、債務の支払いを促そうとするものであり、債権回収を間接的に実現するものといえます。

　留置権は、当事者間で目的物について担保を設定するという合意がなくても、法律が定める場合に当然に発生します（法定担保物権）。留置権の特徴は、留置権で担保される債権（被担保債権）が、留置される物に関して生じたものでなければならないという点にあります（牽連関係）。たとえば時計の修理代金は、まさに時計に関する修理契約に基づき生じた債権といえます。

　留置権とよく似た権利として同時履行の抗弁権があります。簡単に言うと、売買の当事者間で「商品と代金は同時に受け渡しをする」と

■ 留置権

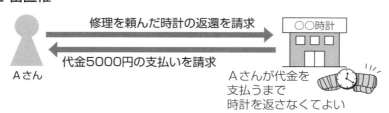

するものです。留置権も同時履行の抗弁権も、当事者間の公平を考えた制度ですが、同時履行の抗弁権は契約当事者間でしか主張できないのに対して、留置権は「物権」という強い効力が認められる権利なので第三者にも主張できる、という違いがあります。前述の例では、修理中の時計が修理を出した人から他人に譲渡された場合、販売店は新しい所有者に対しても「留置権」を主張して時計の返還を拒むことができます。もっとも、留置権は目的物を占有（留置）することで債権の支払いを確保する制度なので、いったん目的物の占有を失ってしまうと留置権が当然に消滅する点には注意が必要です。

● 先取特権とは

　先取特権とは、読んで字のごとく、債権者が他人に「先」立って、弁済を「取」得する（債権を回収する）ことが認められる「特権」のことです。先取特権は、担保権をもたない一般債権者は平等に扱われるという「債権者平等の原則」の例外であり、社会的な要請から優先的な債権回収を法律上認めた法定担保物権です。

　先取特権の例として、雇用契約における給料は、労働者の生活を支える重要な債権ですので、使用者が破産した場合でも、他の債権者に優先して配当を受けることが認められます。たとえば、不幸にしてある会社が倒産したとしましょう。会社の従業員は、会社に対して賃金債権（給料）をもっています。会社に対しては、従業員の他に銀行や取引先など、いろいろな債権者がいるため、「債権者平等の原則」に

■ 先取特権 ……………………………………………………………

先取特権 ┬ 一般先取特権 …… 債務者の総財産を対象とする

　　　　 ├ 動産先取特権 …… 債務者の特定動産を対象とする

　　　　 └ 不動産先取特権 …… 債務者の特定不動産を対象とする

よって処理したらどうなるでしょうか。会社に対する債権は、従業員の賃金債権よりも銀行や取引先の債権の方がはるかに多額です。そうすると、従業員に対してはごくわずかの金額しか支払われないことになります。それでは従業員が生活していけなくなるので、民法が従業員に優先権を与えたのが先取特権であるということです。

先取特権は、①債務者の総財産を担保とする「一般先取特権」（給料の事例はこれにあたります）、②債務者の特定動産を担保とする「動産先取特権」、③不動産の保存・工事・売買から生じた債権を担保するために債務者の特定不動産を担保とする「不動産先取特権」に分類されます。②の例としては、動産売買の売主が代金債権について、売り渡した動産に対し担保権をもつ動産売買先取特権が典型的です。動産売買先取特権は取引社会でも債権回収手段として活用されています。

一方、③は不動産先取特権を取得するのに、一定時点までに登記が必要とされ、手続きが面倒なので、活用例は少ないようです。

■ 一般先取特権・動産先取特権の種類 ……………………………

	債権の種類	目的物
一般先取特権	共益の費用	債務者の総財産
	雇用関係	
	葬式の費用	
	日用品の供給	
動産先取特権	不動産の賃貸借	借地上の動産、借地上の建物や借家に備えつけられた動産
	旅館の宿泊	旅館にある宿泊客の手荷物
	旅客または荷物の運輸	運送人の占有する荷物
	動産の保存	保存された動産
	動産の売買	売買された動産
	種苗または肥料の供給	種苗・肥料を使った後1年以内にその土地から生じた果実
	農業の労務	労務によって生じた果実
	工業の労務	労務によって生じた製作物

第1章　担保制度の基本　　17

3 その他の回収手段について知っておこう

代物弁済、債権譲渡、相殺はいずれも重要

● どんな回収法があるのか

　担保権をもたない債権者が債権回収を図ろうとする場合、支払いを求める裁判を提起して勝訴判決を勝ち取り、確定した勝訴判決を根拠にして（これを債務名義と呼びます）、債務者の財産の差押え・競売を行い、そこから配当を受けるというのが通常の方法です。

　しかし、このような方法は、勝訴判決を獲得するのに時間がかかるだけでなく、他に債権者が多数いる場合に配当が少なくなるという欠点があります。

　そこで、担保権をもたない債権者にとって重要な債権回収の手段となるのが、代物弁済、債権譲渡、相殺です。順番に見ていきましょう。

● 代物弁済による債権回収

　代物弁済とは、借金（融資）を返済するための現金が手元にないときに、現金の代わりに店舗の商品を返済に充てるような場合です。

　代物弁済が債権回収の手段としてなされる場面として、融資を受けた商店が倒産しそうなケースで、債権者が店にかけつけて、商品を融資金の支払いに代えて持ち出すことがあります。

　なお、仮登記担保のところで説明しますが（203ページ）、借金を支払えなかった場合は、債務者が所有する土地を代物弁済としてもらい受けるという約束（代物弁済予約）を、事前に当事者間で結んでおき、この約束を仮登記しておく方法があります。代物弁済予約は、競売のような面倒な手続きをすることなく債権の回収ができる便利な制度ですが、債務者の立場からすれば、借金の額と不釣合いな不動産を債権

者に丸取りされる危険性もあります。そこで、「仮登記担保契約に関する法律」（仮登記担保法）が、債権者による丸取りを防止するために、債権者に対して清算（担保目的物の価格と被担保債権の金額の差額を設定者に支払うこと）の義務を課しています。

◉ 債権譲渡による債権回収

　債権譲渡とは、簡単に言えば、動産や不動産といった「物」を売買するのと同じように、債権者が自分の「債権」を売買することです。
　債権譲渡による債権回収は、Bの債権者であるAが、Bがもっているcに対する債権を譲り受けて、AがCから債権の返済を受けるという手順で、Aが債権回収を図るために利用されることがあります。
　つまり、Aの債務者であるBが、現金・土地・家屋などめぼしい財産を保有していないものの、Cに対して金銭債権（売買代金債権など）をもっている場合に、Aがこの金銭債権を自らに譲渡させます。
　Aは、譲り受けた金銭債権の返済をCに対して請求し、Cから返済を受けることで、結果的にA自身の債権を回収することができます。
　このような債権譲渡は、譲渡される債権（BのCに対する債権）が不良債権でない限り、ほぼ確実に債権を現金の形で回収することができるので、取引社会では広く活用されています。

■ 債権譲渡のしくみ

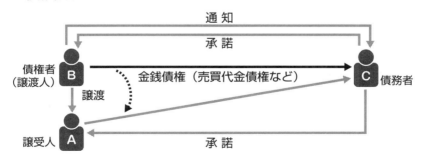

なお、法人が譲渡人となる動産譲渡（動産の譲渡担保）や債権譲渡については、「動産及び債権の譲渡の対抗要件に関する民法の特例等に関する法律」（動産・債権譲渡特例法）に基づき、大量の動産譲渡や債権譲渡について、東京法務局で譲渡の登記をする（オンライン登記申請も可能です）ことにより、一括して第三者対抗要件（第三者にも動産譲渡や債権譲渡の事実を主張できるようにすること）を備えることが認められています。ただ、この制度を利用できるのは、譲渡人が会社などの法人である場合に限定され、個人は利用できません。

　ところで、債権譲渡に関与するにあたっては、いくつか注意すべき点があります。順に見ていきましょう。

　第1に、譲渡の対象とされる債権に「譲渡制限特約」がついていないかを確認することが重要です。譲渡制限特約がある場合は、当事者間の特約で債権譲渡が禁止または制限されているからです。

　第2に、すべての債権が譲渡できるわけではなく、法律によって譲渡が禁止されている債権もあります。たとえば、民法上の扶養請求権や、労働災害に対する補償を受ける権利などは、譲渡が禁止されています。債権譲渡をする場合には、対象となる債権の種類を確認することも重要です。

　第3に、債権譲渡は、譲渡する債権の範囲を特定して行う必要があります。なぜなら、「当分の期間、Aが取得するBへの債権は、Cに譲渡する」というように、譲渡される債権の範囲が特定されていない場合には、どの期間に取得した債権がCへ譲渡されたのか、債務者であるBが把握できなくなるからです。

◉ 相殺による債権回収

　相殺とは、2人がお互いに、相手に対して同種の債権（金銭債権であれば「同種の債権」と認められます）をもっている場合に、対当額によってお互いの債権を消滅させる制度です。相殺をすることで現金

のやり取りをしなくてすむので、簡易な債権回収方法として広く利用されています。ただし、相殺制限特約がある場合、不法行為債権等を受働債権（相殺する側の債務のこと）とする場合など、法律で相殺が禁止されているケースがある点には注意が必要です（232ページ）。

◉ 担保権以外による債権回収の問題点

担保権以外の債権回収手段には限界もあります。

第1に、担保権が設定されている場合には当然に担保権者が優先します。たとえば債務者の店舗を代物弁済させようとしてもこれに抵当権が設定されていれば、抵当権者が優先することになります。

第2に、一般債権者の間では債権者平等の原則により、できるだけ公平・平等に配当を受けられるようなしくみが用意されています。

たとえば、ある債権者が優先的に債務者から代物弁済を受けたような場合、後から他の債権者に、代物弁済を取り消されることがあります（これを詐害行為取消権と呼びます）。

第3に、たとえば、相殺はそもそも当事者間の債権が弁済期にあることが必要とされるので、回収しようとする債権が弁済期にない場合、債権者は、相殺をすることはできません。

■ 相殺とは

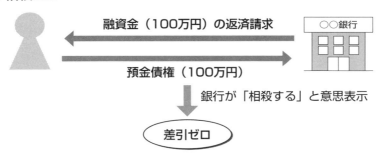

第1章　担保制度の基本

4 各種回収手段の長所と短所を知っておこう

それぞれのデメリットを把握しておくこと

● 人的担保、物的担保の長所と短所

　人的担保の最大の長所は、その設定の容易さにあります。保証契約を結ぶためには、保証契約書を作成することが必要ですが、抵当権や根抵当権を設定する際の登記手続きと比べると負担が少なくてすみます（もっとも、改正民法では、保証人の保護の要請から、改正前に比べ保証のルールが厳格化されています。詳細は132ページを参照）。

　反面、保証人の資力の変動による影響を受けやすいため、物的担保のような確実性がない点が短所といえます。また、物的担保と重なる場面では、物的担保に優先されるという弱点もあります。

　一方、物的担保の長所は、他の一般債権者（物的担保をもたない債権者）に優先して債権の回収を実現できるという点にあります。

　たとえば、抵当権が土地に設定されている場合、他に一般債権者が多数存在したとしても、抵当権者が優先して配当を受け、一般債権者はその残額から債権額に応じて配当を受けることになります。ただ、物的担保を主張するためには、原則としてその存在を登記などで世間一般に公示する必要があります。また、強制執行（国家が債権者の権利を強制的に実現する手続）の場面においては、多くの物的担保が競売などの法的な手続きを踏まなければ担保権を実行できません。

　このように、物的担保は強い効力がある反面、煩雑な手続きが要求されており、これが短所といえます。もっとも、手続きさえふめば一般債権者に優先する効力が得られるのですから、債権者としては債権回収を確実に図るためには物的担保を設定することが望ましいといえるでしょう。また、物的担保については、抵当権や根抵当権の他に、

譲渡担保、仮登記担保、所有権留保といった法律に規定のない**非典型担保物権**も認められており、債権者の債権回収を確実なものにしようとしています。

◉ その他の回収手段の長所と短所

　代物弁済・相殺などの回収手段は、人的・物的担保を有しない債権者にも債権回収の機会を与えるという意味では、その利用価値は高いといえます。ただ、どのような回収手段であっても、無条件に肯定されるものではなく、後になってから詐害行為取消権などにより債権回収がひっくり返される恐れがある点は、理解しておく必要があります。

　詐害行為取消権とは、債務者が資力を失い、債務を返済できない状況にあることを知りながら、一部の債権者に代物弁済をするなど、自分の財産を減少させる行為をした場合に、債権者がその行為を取り消すことができる権利のことです（116ページ）。

　以上のように、それぞれの債権回収方法には必ず短所と長所が存在するため、一律に優劣をつけることはできません。

　そこで、債権者の立場に応じて、最も確実に債権回収を実現できる手段を選択して利用するのが望ましいでしょう。また、債権回収に際しては、複数の手段を重ねて利用することも有益だといえます。

■ 各制度の長所と短所 ………………………………………………

	長　所	短　所
人的担保（保証）	当事者の契約で簡単に設定できる	保証人の資力に左右されるため、担保として不確実
物的担保（抵当権など）	他の債権者に優先して弁済を受けられる	手続が煩雑である
代物弁済・相殺など	簡易・迅速な債権回収ができる	代的弁済や相殺ができないケースもある

第1章　担保制度の基本　　23

相談 乙区の記載事項と読み方がよくわからない

Case 　1つの不動産に複数の用益権や担保権が設定されているときは、不動産の権利関係が複雑なものになるように思います。乙区の各欄の記載事項や読み方のポイントを教えてください。

回答 　登記簿に記録されている中身を登記記録といいます。登記記録は「表題部」と「権利部」の2つから構成されます。権利部はさらに「甲区」「乙区」の2つに分けられ、乙区には所有権以外の権利に関する記録がなされます。不動産には所有権以外にも様々な権利が設定されたり発生しますが、大きく担保権と用益権に分類されます。担保権には、抵当権、根抵当権、質権、先取特権などがあります。用益権は他人が所有する不動産を使用することができる権利です。賃借権、地上権、地役権などがあります。用益権が設定されていて登記もなされていると、その不動産の所有権を手に入れても自由に使用することはできません。取引に入る前には登記記録の乙区に担保権だけではなく、用益権が登記されていないかについても十分に注意する必要があります。以下、乙区の記載事項の意味を見ていきましょう。

① 乙区

「【権利部（乙区）】（所有権以外の権利に関する事項)」と記録されています。これにより、表題部や甲区との区別ができます。

② 順位番号

権利関係の優劣を決めるために、甲区と同じように順位番号が振られています。「1」「2」といった数字で記録されます。

③ 登記の目的

登記がなされた目的が記録されています。たとえば、「抵当権設定」「賃借権設定」、などといった表記がされます。

④ 受付年月日・受付番号

申請されて受け付けられた年月日と受付番号が記録されています。

⑤　権利者その他の事項

　乙区には何種類もの権利が記録されるので、その内容について記録しなければなりません。抵当権などの担保権であれば、債務者が誰であって、担保される債権額・利息・損害金がいくらになるのかなどの情報が記録されています。賃借権などの利用権であれば、月々の賃料や利用できる期間などが記録されることになります。

　また、登記がなされるに至った原因も記録されています。担保権の場合は債務を担保するために設定されるので、その債務の発生原因が記録されることになります。たとえば、「平成○年○月○日金銭消費貸借平成○年○月○日設定」のように記録されます。

●共同担保目録

　抵当権または根抵当権の記録の末尾に「共同担保目録」という表示がなされていることがあります。これは、同じ債務を担保するために他の不動産にも担保権が設定されていることを示しています。つまり、1つの債務を担保するために1つの不動産では不十分なことがあるため、同時に複数の不動産に担保権が設定されることがよくあります。その場合に、各々の不動産の登記記録だけを見たのでは、他にどの不動産に担保権が設定されているのかが明らかになりません。そこで、法務局では共同担保目録を備えていて、他にどの不動産に担保権が設定されているのかが調べられるようになっています。

●順位変更

　抵当権や根抵当権といった担保権の場合、その権利がどの順位で登記されているかが非常に重要です。この順位を担保権者同士の話し合いで入れ替えることもでき、その場合には、順位変更の登記がなされます。順位変更の場合、当事者同士の合意だけではその効果は発生せず、順位変更の登記をして初めて効力が発生します。

第1章　担保制度の基本　　25

相 談 融資に際して担保をとる場合にはどんな方法があるか

Case 知人に1000万円を貸しました。知人の自宅を担保にとろうと考えています。このような場合、具体的にはどのような方法があるのでしょうか。また、実際には、どんな登記をすればよいのでしょうか。

....

回 答 建物などの不動産を担保にする場合、最も一般的な方法は「抵当権」の設定です。あなたの場合、貸主のあなたが抵当権者、借主の知人が抵当権設定者、被担保債権はあなたの貸金債権1000万円です。以上の内容を、あなた（登記権利者）と知人（登記義務者）が共同して「抵当権設定登記」を申請し、登記簿に記録してもらいます。

　次に、不動産を担保とする方法として「譲渡担保」もあります。あなたが知人にお金を貸すと同時に、建物の所有権をあなたに移転し、知人が借金を返済したら、建物の所有権を知人に戻してあげる形式の担保です。この場合は「譲渡担保による所有権移転登記」を行います。この登記は、あなたが知人にお金を貸すことで、建物の所有権が移転したから、それを「所有権移転登記」という形で表しています。

　さらに、停止条件付代物弁済契約に基づく「仮登記担保」も、不動産を担保とするときに利用されています。あなたと知人との間で、借金が返せないときには、建物を弁済の代わりにして、あなたがその建物の所有権を取得することを約束し（代物弁済の予約）、この約束を「仮登記」しておくのが仮登記担保です。

　つまり、「借金を返済しない」ことを条件として「建物の所有権があなたに移転する」ことを「仮」登記するのです。そして、借金が返済されないときには、「所有権移転登記」の「仮」登記を「本」登記にして、あなたが実際に建物の所有権を得ることで弁済を受ける（代物弁済）ことになります。

相 談 債権を借金の担保にする方法はあるか

Case 私は友人Aから借金を申し込まれています。確実な担保をとれれば貸そうと思うのですが、Aは不動産などを持っていません。しかし、AはBに対して金銭債権を持っていることがわかりました。この債権を担保にとることはできますか。

回 答 金銭債権などの債権を担保にとることは「債権質」という方法により広く行われています。質権の場合は、質権設定契約に加えて、質物を質権者に交付することが必要なのが原則です。しかし、質権の目的が債権である債権質の場合は、債権証書があるときでも、原則として当事者の合意だけで質権の設定ができます。ただ、質権設定の証拠として、質権者は債権証書を受け取っておくとよいでしょう。

もっとも、質権設定の合意だけでは、B（第三債務者）から見ると、自らのA（質権設定者）に対する債務が質入れされていることがわからないため、支払期限にBがAに対してお金を支払ってしまうおそれがあります。そこで、AからBに対して質権設定を通知してもらうか、またはBが質権設定を承諾することが必要です。Aによる通知は、B以外の第三者にも広く質権設定を主張できるようにするため、必ず確定日付のある証書（内容証明郵便など）で通知してもらいましょう。

以上の手続きを経ることで、あなたは自分の債権額の範囲で、直接Bから債権を取り立てることができますし、Bは支払期限にAに支払うことが禁止されるわけです。あなたの債権の支払期限よりも先にBの債務の支払期限が来る場合は、BはAに支払わずに供託（法務局に金銭を預けること）することになります。

なお、AのBに対する債権を担保にとる方法としては、他に「譲渡担保」の方法をとることが考えられます。

第1章 担保制度の基本 **27**

相談 債務者以外の第三者の財産を担保にしたい場合

Case 私は、会社をリストラされた友人Aから、新規にベンチャー企業を起こす費用として2000万円の借金を申し込まれています。再出発をしようとしているAをできれば助けたいのですが、やはり確実に返済されるか不安です。Aには担保となる財産もないのですが、Aの父親Bは土地と高級絵画などの財産を所有しています。そこでBの財産を担保としたいのですが可能でしょうか。

回答 担保をとる場合、債務者自身の土地・家屋などをまずイメージしますが、第三者の財産を担保とすることも可能です。

あなたが、Bさんの財産を担保にとる場合には、担保として差し入れる財産の所有者はAさんでなく第三者のBさんとなります。あなたはBさんと担保権設定契約を交わす必要があります。

まず、Bさんの土地に抵当権を設定しようとする場合は、Bさんと抵当権設定契約を結ぶ必要があります。それ以外の手続きは、債務者所有の土地を担保に入れる場合とほぼ同じです。つまり、契約後すぐに抵当権設定登記をしておかないと、あなたより先に抵当権設定登記を備えた第三者が現れた場合、自分が一番抵当権者であることを主張できなくなります。

また、Bさんの高級絵画（動産）に対して質権を設定しようとする場合は、Bさんと質権設定契約を結ぶ必要があります。それ以外の手続きは、債務者所有の動産を担保に入れる場合とほぼ同じです。つまり、あなたは高級絵画の引渡しを必ず受けて、Aさんの借金（債務）が完済されるまでこれを占有することになります。

こうして、債務者ではないBさんが、いざというときに自分の財産が競売にかけられる、という意味で責任を負っているわけです。このような人を物上保証人といいます。

第2章

債権回収の実務

1 無担保債権の回収はどうする

裁判所に強制執行を申し立てる

● 最後の手段は強制執行

　たとえば、あなたが知人Aから借金を申し込まれて100万円を貸した際に、何も担保にとっていなかった場合、どのようにして債権の回収を図ることになるのでしょうか。

　Aが任意に支払ってくれればよいのですが、一向に支払ってくれない場合には、支払督促（60ページ）など、さまざまな法的手段を検討した後、最終的には訴訟を提起して勝訴判決を取得し、強制執行を申し立てて権利を実現することになります。**強制執行**とは、国家権力による強制力を使って裁判の結果を実現することです。

　強制執行の制度は、借金の返済がないケースだけに利用されるわけではありません。自分の土地に勝手に資材などが置かれたままである場合にも、強制執行によってそれを排除することができます。

　いくら訴訟で勝ったからといっても、債権者が債務者の家の中に踏み込んで財産を没収したのでは、秩序ある社会とはいえません。裁判の決着がついた後でも、法律が規定する手続に従って、秩序ある解決を図ることが必要であり、そのために強制執行という制度が設けられています（これを自力救済の禁止と呼ぶことがあります）。現在、強制執行の手続については、主に「民事執行法」や「民事保全法」という法律で詳細に規定を設けています。

　そして、秩序ある解決をするための手続の一環として、強制執行の申立てをするには「債務名義」（強制執行をしてもよいという国家のお墨つきのこと）が必要とされています。

　債務名義（83ページ）には、大きく分けて2つのものがあります。

裁判所での手続を経たものと、裁判所での手続を経ていないものです。

　なお、いくら強制執行をしても、相手方に財産がなければ意味がありません。訴訟を提起する前は相手方に財産があり、その財産を借金などの返済にあてられると踏んで訴訟を起こしたものの、訴訟が終わる頃までに、相手方が財産を使ってしまったり、隠してしまうおそれがあります。そこで、訴訟の前に相手方の財産を仮に差し押さえるなどしておく（仮差押または仮処分）必要がでてきます。これを行うことが民事保全であり、民事保全の手続については「民事保全法」という法律で詳細に規定しています（76ページ）。

● 強制執行の種類

　強制執行の手続は、主に民事執行法と民事保全法で規定されていますが、対象によって分類することができます。

①　金銭の支払いを目的とするもの

　強制執行の目的としては、まず、金銭の支払いを目的とするものが挙げられます。つまり、借金を返済してくれないケースや、売買で目的物を引き渡したのに代金を支払ってくれないケースの強制執行です。

　金銭の支払いを目的とするといっても、担保権の設定を受けずに債務者の財産を現金に変えて弁済を受ける場合と、設定されている担保権を実行する場合とがあります。後者の担保権の実行とは、目的物を競売等にかけて換価し、その中から債権を回収することです。

　なお、前者の担保権の設定されていない強制執行は、強制執行の対象に従って、以下の種類に分類されます。

・不動産に対する強制執行
・動産に対する強制執行
・債権に対する強制執行
・その他の財産権に対する強制執行

②　金銭の支払いを目的としないもの

第2章　債権回収の実務　　31

強制執行には、金銭の支払いを目的としない場合もあります（非金銭執行といいます）。

　たとえば、土地を借りている賃借人が、期限が切れて契約が終了したのに土地を明け渡さない場合に、建物を収去し、土地を明け渡してもらうための強制執行や、売買契約を締結し、代金も支払ったのに売主が目的物を引き渡さない場合に、目的物の引渡しを実現するための強制執行などがあります。

③　仮差押・仮処分の執行

　強制執行は、一般的には確定判決などを実現するための手続ですが、債権者の権利を確保するための仮の命令（民事保全）を裁判所にしてもらうための、仮差押・仮処分の執行もあります（77ページ）。

◉ 誰が強制執行の手続を行うのか

　現在の日本の法制度上、権利を確定させるために判決をする裁判機関と、権利を実現させるために執行手続を担当する執行機関は分けられています。

　強制執行は、執行手続を求める者と、これを受ける者が手続に関与して行われます。このような者を執行当事者といいます。ただし、強制執行は執行当事者本人の手によって行われるのではなく、執行裁判所や執行官といった執行機関によって行われます。

■ 強制執行の対象

種　類	特　　徴
不動産	執行裁判所への申立て。競売を基本とした強制執行
動　産	執行官への申立て。執行官による差押え
債　権	執行裁判所へ差押命令の申立て。債権者が直接債権を取り立てることができる

① 執行当事者

　ある請求権につき利害関係をもっているため、強制執行の手続を求めることで、あるいは強制執行を受けることで、当事者として手続に関与する主体のことを執行当事者といいます。執行当事者は「申立てをする」「配当要求をする」など、自分の意思で手続に関与することが認められています。債権者・債務者双方とも執行当事者と呼ばれることに注意しましょう。

② 執行機関

　強制執行は執行機関によって行われます。確定判決などが得られたならば、どんな方法で誰がやってもよいわけではありません。一般人が勝手気ままに強制執行をすることは許されていないのです。

　執行機関は「執行裁判所」と「執行官」が存在します。執行裁判所と執行官には職域分担があり、強制執行の対象となる財産によって区別されています。

　具体的には、執行裁判所の職務上の管轄（職分）は、不動産、船舶、航空機、自動車、建設機器、債権などです。一方、執行官の職務上の管轄は、動産などです。大まかに言えば、不動産・債権の場合は執行裁判所、動産の場合は執行官ということになります。

■ 強制執行の手続き

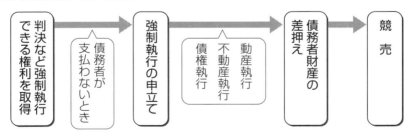

相 談　他人の強制執行に便乗する方法

Case　自分が金銭を貸している債務者は多重債務者であり、この度、他の債権者が強制執行を行うようです。この機会に便乗して、債務者から債権を回収するためには、どのような手続きが必要になるのでしょうか。

回 答　他の債権者の強制執行手続きに便乗して債権回収を実現する制度として、配当要求の制度があります。競売の申立手続きを自らしなくてよい反面、債権者以外の者が配当に参加するおそれがあります。ただ、どのような債権者であっても配当要求をすることができるのではありません。虚偽の配当要求を防ぐため、配当要求ができる債権者は原則として、債務名義を所持していることが必要です。配当要求は、債権額などの事項を記載した書面を裁判所に提出する方法で行います。配当要求があった場合、裁判所書記官は債務者と他の差押債権者に対して配当要求があったことを通知します。

　裁判所は、債務者の財産を売却して得られた金銭を元に配当を実施しますが、その配分は「配当表」に基づいて行われます。

　この「配当表」とは、各債権者の債権額・利息・配当の順位を記載したものですが、これは主に裁判所書記官によって作成されています。債権者の中で「配当表」に不服がある者は、裁判所に対して「配当異議の申出」を行います。配当異議の申出がなければ「配当表」に基づいて、配当期日に各債権者に配当がなされることになります。これによって債権者は債権の回収を実現できます。

　なお、競売を実行されるような債務者には多数の債権者が存在するのが普通です。債権全額の回収を実現するには、他人の強制執行に便乗するような方法では限界があるので、自ら積極的な方法で回収を図る必要があります。

2 裁判所を通さない担保権の実行方法について知っておこう

強制執行とは別に私的実行というやり方がある

● 担保権の私的実行について

　担保権を実行する場合は、民事執行手続（94ページ）によって担保権の実行を行うのが原則です（これを法的実行といいます）。

　しかし、法的実行は時間・費用などがかかるので、裁判所の手続きを介さずに当事者間の合意によって、私的に担保権が実行される場合があります。これを**担保権の私的実行**と呼んでいます。私的実行は法的実行と比較して、迅速に債権の回収を図ることができるというメリットがある反面、債務者の協力が得られない場合は、法的実行で決着をつけるしかないという限界があります。そのため、債務者の自発的協力が得られるような場合は私的実行による任意回収で、自発的協力が期待できない場合には法的実行による強制回収で、と両制度を選択的に利用するのがよいでしょう。

① 抵当不動産の任意売却

　抵当不動産の任意売却は、不動産を売却した代金を抵当権者・差押債権者に弁済する代わりに、抵当権を抹消し、差押えを解除させる方法で行われます（97ページ）。

　ただ、このような任意売却が行われる条件として、抵当権者など利害関係者全員の同意を得ることが必要です。そのため、任意売却に納得しない差押債権者などには「担保抹消承諾料」を支払って、その同意を得る方法がとられる場合もあります。

② 質権の私的実行

　債務を履行しない場合に、質権者が質物の所有権を取得し、または処分して債務の弁済にあてることを流質（質流れ）といいます。ただ、

第2章　債権回収の実務　35

債務の弁済期前に、返済できなかった場合に質物の所有権を移転するという契約（流質契約）を結ぶことができるとすると、債権者が債権額よりも高価な質物を不当に取得するおそれが生じるため、弁済期前の流質契約は原則として禁止されています。

一方、弁済期後であれば流質契約も許されていますので、債権者は質物を任意に売却してその代金から債権回収をすることが認められます。なお、商行為によって生じた債権を担保するために設定された質権については、弁済期前であっても流質契約が認められています。

債権質の場合は、一定の要件を満たせば、債権者が質権の目的となった債権の債務者（第三債務者）から直接取り立てることができます（12ページ）。

③　仮登記担保の本登記移転

債権担保の目的で不動産に仮登記をした上でその担保権の私的実行をする場合、債務者に所有権を移転する本登記を行うことになります。

ただ、本登記を取得するためには債務者の協力が必要となることから、債権者が単独で行うことはできないという限界があります。仮に債務者が債権者への本登記移転に協力しない場合は、債権者は移転登記手続請求訴訟を提起する必要があります（詳細については203ページ）。

■ 仮登記担保の実行

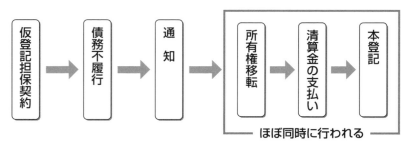

④ 所有権留保の私的実行

買主（債務者）が代金を完済するまで、売主（債権者）に目的物の所有権を留保するのが所有権留保ですが、この場合における私的実行の方法は、債権者による目的物の引きあげです。ただし、債務者が所持する目的物を債務者の同意なく引きあげることはできません。債務者が引き上げに同意しない場合、債権者は裁判所に対して引渡請求訴訟を提起する必要があります（詳細については202ページ）。

⑤ 譲渡担保の私的実行

動産譲渡担保の場合は、債務者が目的物を所持しているので、所有権留保の場合における目的物の引きあげと同様の方法をとります。

債権譲渡担保の場合は、一定の要件を満たせば、直接第三債務者から取り立てることができます。

不動産譲渡担保の場合は、譲渡担保設定契約の時点で債権者が移転登記を得ているので登記簿上は問題がないのですが、目的不動産が債務者の家屋であるときには、債務者が立ち退きを拒否して占有を継続するケースもあります。占有が不法占有であれば、明け渡しを主張できますが、譲渡担保権者が清算金を支払っていない場合には、清算金の支払いと引換えに明け渡しを求めることになります。

■ 裁判所を通さずに担保権を実行する方法 ·························

抵当権	・任意売却（97ページ）
質権	・質物の所有権の取得 ・直接の取立て（債権質の場合）
仮登記担保	・本登記
所有権留保	・目的物の引きあげ
譲渡担保	・目的物の引きあげ（動産譲渡担保） ・直接の取立て（債権譲渡担保） ・明渡請求（不動産譲渡担保）

第2章 債権回収の実務

3 取引先の信用調査をする

危険な兆候が見えたらチェックをはじめるとよい

● 信用調査はとても重要である

　債権者が債権の回収を確実にするためには、実際に債務者に財産がなければ担保権を設定できません。そこで取引先の保有する財産をあらかじめ調査しておく必要があります。

　取引先が大企業であれば、経営状況の調査は比較的容易です。新聞の経済欄や経済誌、ホームページのIR情報（株主・投資家情報）などを読めば、その会社の経営状況は株価などからある程度把握することが可能です。しかし、信用調査が必要となるのは、大企業というよりもむしろ中小企業を取引相手とするような場合です。そしてこのような中小企業の経営状況を新聞や情報誌から手に入れるのは難しいことが多いでしょう。

　まず、取引開始を決定する際には、電話やメールなどに頼らずにその相手と実際に面会して、自らその人物が信用できる人間かどうか判断することが必要です。相手の話し方・しぐさなどからも経営姿勢をうかがい知ることができます。また、相手先の事務所・店舗・工場などに積極的に足を運んで、従業員の働きぶりや職場の雰囲気、商品の内容、生産効率性などを実際に確認する必要もあるでしょう。

　さらに、不動産登記の乙区欄に、個人からの借入のために抵当権等が設定されている場合は注意が必要です。金融機関からの借入ができない状態にある可能性があるからです。

● 保有財産を調査する

　どんなに経営状況がよかったとしても景気によっては倒産のリスク

があります。そこで強制執行の対象となり得る、取引先の保有する財産を調査しておくことが必要になります。

　具体的には、商業登記簿で取引先の資本金の額などを調査しておくことが可能です。また、不動産登記簿を確認することで取引先の有する不動産を確認できます。相手方が不動産をもっている場合は抵当権の設定を取引開始の条件として交渉することが可能になります。

　たとえ広い土地を持っていることが不動産登記簿で確認できたとしても、その土地が崖地などの場合には資産価値が低いため、競売したとしても債権の回収をすることは困難です。

　また、実際に取引相手の店舗や工場に足を運ぶことで、担保目的物を新たに発見できることもあります。

　たとえば、取引相手が商品販売業者であるような場合は、店舗の商品に対して譲渡担保権を設定することもできます。このような手段・努力の積み重ねによって債権者の債権回収の確実性が上がります。

◉ 担保提供をさせる場面

　債務者に担保を提供してもらう場面は大きく分けて３つあります。

① 取引を開始する場合

　特にその相手とはじめて取引を開始するような場合は、信用も乏しいのが通常ですから抵当権や保証人などの担保をとる必要があります。

　つまり、担保の提供を取引開始の条件とすることが必要で、取引契約と同時に抵当権設定契約や保証契約を結ぶべきでしょう。

② 取引内容を変更する場合

　たとえば銀行が相手先企業に対する融資額を２倍にする場合、債権者である銀行の立場からはそれだけ不良債権となるリスクも高まるので、提供させる担保について再検討した上で増強させる必要も出てくるでしょう。特に債務者である相手先企業方から取引の拡大を要請してきた場合は、その条件として担保の増強を図るのが安全です。

第２章　債権回収の実務　39

③　取引先の経営状況が悪化してきた場合

　経営状況の悪化を見過ごしてしまい取引先が倒産した段階では、もはや債権の回収にあてられる財産もなくなっているのが通常です。

　そこで、取引先の倒産前に、他の債権者に優先して弁済を受けられるように、何らかの担保を獲得しておくことが必要になります。

　たとえば、経営が悪化してくると相手方は支払の猶予を求めてくるのが通常ですから、そのような場合には支払期限を延長する代わりに連帯保証人を増やしてもらうなどの措置をとることが必要です。

◉ 倒産の兆候に気をつける

　取引先が倒産すると、債権の回収はほぼ不可能となりますので、倒産前に取引の停止などの手段を講じる必要があります。

　では、倒産の兆候はどのようにして見つけることができるのでしょうか。それぞれのケースによって倒産の兆候は異なりますが、一般的に注意すべき場合について以下説明します。

①　支払時期の対応

　経営状況が悪化してくると、最初に返済が遅れがちになったり、支払猶予を求めてきたりします。その際、「請求書が届いていない」「社員旅行で留守にしていた」など、さまざまな理由をつけてきますが、要は資金繰りが苦しいことの表れですので注意が必要です。

■ 信用が悪化する兆候となるのは ……………………………………

……… 取引面 ………	………… その他 …………
・在庫が急に増えたり減ったりする	・会社自体または社長自身が保証している
・大口取引先の債権の焦げつき	・自社の売掛金債権を担保に提供するか譲渡する
・取引先の変更	・手形のジャンプを求めてくる
・支払の遅延	・不動産等の資産売却　　　など

② 代表者・担当者の態度の変化

　代表者・担当者がつかまりにくくなる場合も、倒産の兆候があるといえます。資金繰りが苦しいため、金策に走り回っている可能性があるからです。

　また、返済を迫られるのを避けるために居留守を使うケースもあります。携帯電話に連絡してもつかまらない場合や、メッセージを入れても返答がない場合は要注意です。

③ 会社・工場の雰囲気

　経営状況が悪化すると、職場の雰囲気にも変化が表れる（退職者が増えるなど）のが通常です。商品の種類・数が減少するのに加えて、従業員の態度からも経営悪化をうかがい知ることができます。

④ 風評

　同業者や周辺住民の評判にも気を配る必要があります。そのためにも取引先の周辺地域にネットワークを築いておくことが重要です。

● マメな債権者を心がける

　日常的に債権の管理を行うことは手間のかかることかもしれませんが、このような手間を惜しむと、結局は相手方が倒産した場合に債権を回収できなくなります。損害を受けるのは債権者ですから、このような手間を惜しむべきではありません。

■ 債権回収を検討するまで

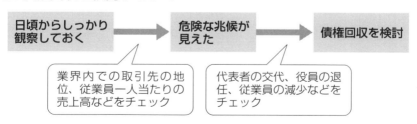

4 債権の時効消滅に注意する

一定の期間が経過すると請求できなくなる可能性がある

◉ 消滅時効に注意する

　適切な債権の管理を怠り、債権を行使しないまま放置していると、債権が時効によって消滅してしまう場合があります。**消滅時効**とは、一定期間にわたり権利を行使しない状態が続くと、その権利が消滅する制度です。平成29年の民法改正の下では、①債権は、権利を行使できるのを知った時から5年（または権利を行使できる時から10年）で消滅し、②所有権以外の財産権は、権利を行使できる時から20年で消滅すると規定しています。民法改正によって、上記①につき「権利を行使できるのを知った時から5年」の期間が加わっています。

　債権の消滅時効については、平成29年の民法改正により、短期消滅時効（改正前民法170条〜174条）が廃止されることになった点に注意が必要です。短期消滅時効の例として、飲み屋のツケは1年、商品の売掛代金（商品の代価に係る債権）は2年などがありますが、これらはすべて廃止されて、上記①が適用されます。

◉ 時効の進行を止める方法

　時効の進行を止めて、それまで進行していた時効期間を振出しに戻してしまう（新たにゼロから時効期間を再スタートさせる）制度のことを**時効の更新**といいます。一方、時効期間が進行するのを一時的に止める（時効の完成を一定期間だけ猶予する）制度のことを**時効の完成猶予**といいます。

　平成29年の民法改正によって、改正前民法の下での「時効の中断」は時効の更新に、「時効の停止」は時効の完成猶予に、それぞれ名称

が変更されています。いずれも時効に関わる重要な制度でありながら、本来は、一時的に止めることを意味する「中断」が時効期間のリセットをさし、動いているものを止めることを意味する「停止」が猶予をさすなど、用語の意味がわかりにくいという問題点がありました。そこで、一般的に使われいる言葉の意味に近づけるため、前述のように用語を変更し、国民にわかりやすい制度に再構成しました。

　また、改正前民法の下では、裁判上の請求や差押えは中断事由、法定代理人がいない未成年者や成年被後見人がある場合は停止事由、のようにケースに応じて中断事由と停止事由が区別されていました。

　平成29年の民法改正では、１つのケースについても、当事者などに生じた事実に応じて、時効の更新事由および完成猶予事由が割り振られています。主な更新事由と完成猶予事由は、図（45ページ）の通りです。なお、時効の更新や完成猶予の効力は、更新事由や完成猶予事由が生じた当事者とその承継人の間でのみ生じます。

　そして、時効の進行をストップさせる最も確実な方法は、訴えを提起して請求することです。これに対して、請求書の郵送などで請求するだけでは、時効の更新は認められません。その請求から６か月以内に裁判上の請求など、より強い他の更新手続をとった場合に限り時効が更新されます。その意味で、裁判上の請求などのより強い他の更新手続と区別して、裁判上の手続以外の方法による請求のことを「催告」と呼びます。

■ 債権の消滅時効期間に関する民法改正 ……………………………

短期消滅時効の廃止	→	債権の消滅時効期間の一本化
商事消滅時効の廃止		①権利を行使できるのを知った時から５年 または ②権利を行使できる時から１０年
商人間で生じた債権 の消滅時効の廃止		損害賠償請求権などの特則
		上記②が「２０年」に延長される場合等がある

第2章　債権回収の実務　43

もう一つ、債務者が債務の存在を承認した場合も時効が更新されますので、これも時効の進行をストップさせる有効な方法です。口頭での承認であっても時効は更新されますが、後日の紛争に備えて、債務者から債務承認書（確認書）などの提出を受けておくとよいでしょう。

　また、債務者が1000円でも1万円でも、債務の一部として支払ってくれれば、これも債務の承認になります。この場合にも、控えつきの領収証を作って渡し、債務者にサインをもらい、後日のために証拠を残すようにしておくことが大切です。

　なお、債務承認書がなくても、債務者が債務の利息を支払っている場合は、本体たる債務の存在を承認しているといえるので、時効は更新することになります。

　しかし、更新後は再びゼロから時効の進行が開始するので、債務者がその後も任意に支払わないような場合には、裁判上の請求によって最終決着をつけることも必要でしょう。差押え・仮差押・仮処分については、裁判所での手続が必要です。

● 債権・担保状況を常に確認する

　債権者は債権の時効消滅や不良債権の発生を防止するために、日頃から債権の管理を徹底して行わなければなりません。債権者が厳格な債権の管理を怠ると、債務者もその債権者に対してはルーズになってしまいます。債務者に複数の債権者が存在するような場合には、取立ての厳しい債権者とルーズな債権者がいれば、当然厳しい方の債権者への返済を優先し、ルーズな債権者への返済は後回しにされるのは当然の結果といえます。

　ですから債権者は、マメに債権管理を行う必要があり、返済期日に返済がないような時には直ちに再請求を行い、場合によっては事情確認のために取引先の事務所に足を運ぶ必要もあるでしょう。

　また、担保の状況についても定期的に足を運び、現地の確認をする

必要があります。せっかくの担保不動産も占有屋（高額の立退料を請求するなどして競売を妨害する者）に占有されていると担保価値が下がってしまい、債権の回収が困難になるおそれがあるからです。見知らぬ人間が出入りしていないか確認しておく必要があります。

◉ 急な取引の拡大には気をつける

　取引先が急に取引枠の拡大を申し出てきた場合には注意が必要です。もちろん経営が順調なために取引枠を拡大する場合もありますが、日頃「最近は不景気でさっぱりだ」と言っていたような取引先が取引拡大を要求してきたような場合は話が別です。この場合は、大量に商品を仕入れておいて、これを安く転売して当面の自転車操業を続けるためだけの運転資金としている可能性があるからです。最悪の場合は、倒産し、夜逃げをする可能性もあります。そのような場合は、逆に信用調査を行い、取引の縮小・停止を含めて検討する必要があります。

■ 主な更新事由と完成猶予事由 ……………………………………

ケース	完成猶予事由	更新事由
①裁判上の請求 ②支払督促 ③調停 ④破産手続参加	原則として①〜④の事由が終了するまでの間は時効が完成しない	確定判決などで権利が確定した時に、①〜④の事由の終了時から新たに時効が進行する
⑤強制執行 ⑥担保権の実行 ⑦担保権の実行としての競売	原則として⑤〜⑦の事由が終了するまでの間は時効が完成しない	原則として⑤〜⑦の事由の終了時から新たに時効が進行する
⑧仮差押 ⑨仮処分	⑧⑨の事由の終了時から6か月間は時効が完成しない	
⑩履行の催告	⑩の時から6か月間は時効が完成しない（完成猶予期間中の再度の催告は完成猶予の効力を有しない）	
⑪権利の承認		⑪の時から新たに時効が進行する

第2章　債権回収の実務　　**45**

相 談 他人の債務について抵当権を設定した者の時効の主張

Case 私は、Aから500万円の借金を申し込まれましたが、Aには担保となる財産がなかったことからAの父親Bの土地を抵当にとりました。11年後にAに500万円を請求しようとしましたが、Aは事業に失敗して返済不能の状況になっていました。そこでBの土地の抵当権を実行しようとしたところ、Bは「Aの借金は時効消滅しているので抵当権を実行することはできないはずだ」と主張してきました。Aの借金についてBが消滅時効を主張することは認められるのでしょうか。

回 答 結論からいいますと、あなたに対してBが消滅時効を主張することはできます。Bの主張というのは、Aの借金（被担保債権）が消滅したので、付従性によって抵当権も消滅したとの主張です。抵当権は被担保債権を担保するために存在しますので、被担保債権が消滅したときは、抵当権も存在意義を失って消滅するというのが付従性です。

　BはAの500万円の債務を担保するため抵当権を設定していますが、このように物的担保を設定して他人の債務を保証する者を物上保証人といいます。物上保証人が被担保債権の消滅時効を主張して責任を免れることができるのは、主たる債務が時効期間（Aの債務は商事債務のため5年）を経過して消滅したからです。

　あなたとしては、確実に債権を回収するため、Aに対する500万円の債権を時効消滅させないように管理すべきで、そのためには時効の更新（時効の中断）の手続をしておく必要がありました。

　具体的には、時効完成前にAを被告として裁判上の請求をする方法があります。また、より簡単な方法としては、Aに債務の承認をさせる方法があり、通常は「債務承認書」を提出させます。このようにしてなされた時効の更新は、Aだけでなく、物上保証人であるBにも効力が生じ、抵当権の消滅も避けられます。

46

5 債務者の態度に応じて回収方法を変える

少しでも多く取り立てられるようにする

◉ 効果的な方法を選ぶ

　債権回収の最後の手段は、やはり法的手続、つまり訴訟ということになります。ただし、訴訟に持ち込むには、費用や時間がかかるという点、取引先との将来の関係が悪化する可能性があるという点から考えて、それなりの覚悟は必要です。「最後は訴訟も辞さない」という心構えは重要ですが、債務者の態度に応じて柔軟な対応をすることが大切です。

　もちろん、債権回収のための手段は訴訟だけではありません。それに、訴訟をすること自体は目的ではありませんから、訴訟を債権回収の最終的な手段として考えておけばよいでしょう。このように、最終的には訴訟も辞さないという覚悟があれば、それを1つの圧力として、債務者と交渉にあたることができます。また、訴訟以外の法的手段も、ある面では訴訟の応用ということができます。

　後述するさまざまな債権回収の方法は、この訴訟の流れを原則とすると、その変則といえます。債務者が債権の存在を争っていなければ、強制執行認諾文言のついた公正証書（51ページ）を利用して債権回収が図れます。和解や調停の調書によっても、同様に債権回収が図れます。もし、債務者が支払いに積極的に協力しない場合は、法的手段として支払督促という制度を利用することができます。

　債務者が争う姿勢を見せている場合は、訴訟を提起する前に、民事保全としての仮差押を利用するという方法もあります。仮差押は、こちらが提出した証拠だけをもとに行いますから、債務者の資産隠しを防止するだけでなく、債務者に対する相当な圧力にもなります。こう

第2章　債権回収の実務　**47**

した方法を念頭に置きながら、実際に債務者と交渉にあたるわけですが注意しておくことが2つあります。

1つは、少しでも多く取り立ててくるという視点で検討することです。もう1つは、後に法的手段をとることに備えて、立証のための資料を確保することです。後々の展開をにらみながら、布石を打っておくことは大切です。

■ **債権回収の流れ**

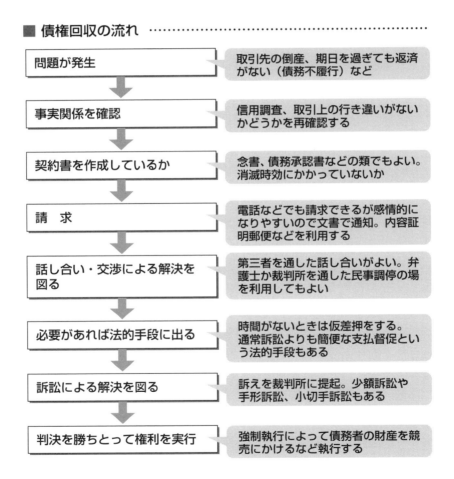

6 適切な書面作成をこころがける

念書、契約書、公正証書までさまざまなものがある

◉ 書面作成は重要である

　取引は契約をすることによって成立します。契約は書面でする必要はなく、口約束だけでも成立するのが原則ですが（これを契約方式の自由といいます）、取引社会においては書面でなされるのが通常です。なお、保証契約は必ず書面を作成しなければなりません。

① **契約書**

　契約書を作成する目的は、契約内容をはっきりさせて無用なトラブルを防止する点にあります。ですから、契約書の内容はできる限り具体的に記載する必要があります。

② **覚書・確認書**

　取引の場面においては、確認書や覚書といった書類が作成される場合もあります。こうした書類は取引当事者の契約関係を補充するために利用され、契約書とあわせて効力をもちます。

　たとえば、契約内容に不明・不備な点が生じた場合に「○○と解釈することで合意する」と覚書を作成しておけば、契約書を作成し直すことなく対処することができます。

　また、売掛代金500万円の返済が100万円分なされた場合に「代金500万円のうち、100万円の弁済が平成○年○月○日にあった。残額は400万円であることを確認する」などの形で確認書が作成されます。

　なお、債務の履行は債権者の住所または営業所で行うのが原則ですが、待っているばかりでは債権回収はおぼつきません。そこで、債務者のところへ足を運んで、債務確認のための「念書」を受け取ると効果的な場合があります。商品の受け渡しの有無や、金の貸し借りが

第2章　債権回収の実務

あったという前提のもとに作られた念書であれば、後に裁判になった場合には債権の存在を証明する立派な証拠になります。

③　領収書（受取証書）

　たとえば債務者が借金を返済した場合は、債権者から領収書（受取証書）を受け取る必要があります。領収書がないと、後日債権者から二重に請求された場合に返済の事実を証明できなくなる、という不利益が生じます。また、債務者は債務の全額を返済した場合は、債権証書自体の返還を請求することもできます。

④　日常的に作成される書面

　日常の取引においてメモ程度に作成した書面であっても、裁判などで証拠として利用することができます。これは相手方からのファックスであったり、電話の内容をメモしたものであってもかまいません。たとえば、「平成〇年〇月〇日取引先〇〇氏より返済期限を猶予してほしい旨の電話あり」とのメモであっても、裁判においては相手方が債務の存在を認めているという事実を証明する資料となります。

　相手方とのやり取りはメモにして残し、相手方からのファックスや郵便物は取引関係が終了しても当分の間は整理して保管しておくべきでしょう。

⑤　公正証書

　公正証書とは、公証役場（公証人役場）で公証人に証明してもらって作成された書類のことで、契約書を公正証書として作成する方法もよく利用されています（次ページ）。

　たとえば、金銭消費貸借契約で借用書を公正証書として作成し、債務者が債務を履行しない場合は直ちに強制執行を受けても異議を唱えない旨（強制執行認諾文言といいます）を記載しておけば、裁判手続きを経ることなくその借用書を債務名義とすることができます。債権を確実かつ迅速に回収したい場合には、公正証書として契約書を作成しておくことが重要です。

公正証書で契約書を作れば効力を強化できる

強制執行受諾文言があれば訴訟をしなくても強制執行できる

● 金銭の支払請求におすすめ

　公正証書とは、公証人という特殊な資格者が、当事者の申立てに基づいて作成する文書です。一般の文書よりも強い法的効力が認められています。公証人は、裁判官・検察官・弁護士・司法書士などの長年法律関係の仕事をしていた者の中から、法務大臣が任命します。

　公正証書は強い証拠力があり、それに記載された日付には、その日に作成されたという公証力（確定日付）が認められます。

　たとえば、金銭消費貸借契約を例に説明しましょう。借主が期限が過ぎても返済しない場合に、訴訟を提起することなく差押えや競売という強制執行の申立てができるように、強制執行認諾文言（強制執行認諾約款）付き公正証書を作成します。この公正証書は、一定額の金銭の支払債務の履行を確保するために作成することができ、売掛代金・賃料・請負代金などを確保するために利用されます。一方、不動産や動産の引渡債務について、この公正証書は作成できません。

● 公正証書を利用するケース

　ほとんどの契約は公正証書の作成義務がありません。ただ、債権回収や担保権を設定するにあたって、以下の契約を公正証書で作成するケースが実務上多く見られます。

① **債務弁済契約**

　支払方法や債務額について明確にするために利用されます。

② **金銭消費貸借契約**

　金銭消費貸借契約（金銭の貸し借りのこと）の公正証書は、強制執

行認諾文言（強制執行認諾約款）が記載されていれば、訴訟を経ずに強制執行の申立てができるため（82ページ）、広く利用されます。

③　保証契約

　金銭消費貸借契約において保証人が要求された場合、保証内容を明確にするために利用されます。なお民法改正により保証人の保証意思を確認するために公正証書の作成義務が生じる場合があります（132ページ）。

● 執行力を手に入れる

　公正証書が利用される理由のひとつとして、強制執行認諾文言付き公正証書に与えられる執行力があります。債権回収をはじめとする法的紛争では、手段を尽くしても効を奏さないときには、最終的に訴訟となり、勝訴の確定判決を取得して、これに基づき債務者の財産に対して強制執行を行いますが、強制執行を申し立てるには、その根拠となる資料が必要です。これを債務名義と呼びます。

　債務名義には、確定判決の他に、調停証書、和解調書、仮執行宣言付支払督促などがありますが、**強制執行認諾文言付き公正証書**も債務名義となり、この公正証書に基づいて強制執行ができます。

　ただし、公正証書が強制執行認諾文言付き公正証書として債務名義となり、執行力が付与されるには、以下の2つの条件が必要です。

　1つは、請求内容（債務の内容）が、一定額の金銭の支払いであるか、有価証券などの代替物の給付を目的とすることです。

　もう1つは、債務者が「債務を履行しない場合には強制執行を受けても文句は言わない」旨の記載が公正証書になされていることです。この記載を強制執行受諾文言または強制執行認諾約款といい、強制執行受諾文言が記載されている公正証書を執行証書といいます。

　この記載があれば、公正証書に記載された一定額の金銭の支払債務などについて、訴訟を経ずに強制執行の申立てができるわけです。

● 執行証書を作成する際の注意点

以下の点に気をつけることになります。

① 債務の特定

公正証書は、当事者間で締結された契約内容などを明らかにするものですから、その記載上、債務が特定されていなければなりません。

具体的には、貸金債務については、①当事者（貸主と借主）、②貸し借りをした日付（平成○○年○月○日）、③金額（金○○○○円）が記載されていれば、債務の特定は認められるでしょう。

② 債務額が一定していること

債務者が債務を履行しない場合、有効な執行証書があれば、申立てをしてすぐに強制執行の手続に入ることができます。債務の特定の場合と同様に、公正証書の記載だけから、債務額がいくらになるかを特定できなければなりません（一定額の記載が必要です）。公正証書に記載された以外の要素を加味してはじめて金額が特定できるようでは、執行証書としての要件が満たされないのです。

③ 将来発生する債務（債権）について

債務の特定性が要求されますから、原則として将来発生する債務に

■ 公正証書の作成方法 ···

申請前に公正証書の作成について当事者の合意が必要

↓

申請書類を再チェック
・公正証書にしたい文面
・本人確認資料（当事者が法人が個人かで異なる）
・代理人申請の場合は本人作成の委任状や本人の印鑑証明書など

↓

最寄りの公証役場へ行く

↓

公証人が公正証書を作成

第2章　債権回収の実務　　53

は強制執行受諾文言をつけることができません。ただし、賃料は将来発生する債務ですが、契約時に金額が特定されていますので、賃料の支払債務について強制執行受諾文言をつけることが可能です。

● 作成手続きについて

　公正証書を作成するには、当事者（または代理人）が公証役場に出向きます。公証役場といっても、雑居ビルの一室のような場所もあります。わからない場合には、日本公証人連合会（03-3502-8050）に電話をすれば教えてもらえます。

　債権者と債務者が一緒に公証役場へ出向いて、公証人に公正証書を作成することを依頼します（これを「嘱託」といいます）。事前の相談や連絡は、当事者の一方だけでもできますが、契約書を公正証書にする場合には、契約当事者双方が出向く必要があります。本人ではなく代理人に出向いてもらうことも可能です。

　当事者が持参すべき本人確認資料は、法人の場合は、代表者の資格証明書または法人の登記簿謄本、代表者印、印鑑証明書（発行日から3か月以内）です。個人の場合は、①運転免許証など（写真を貼付した本人が確認できる公的証明書）と認印、②実印と印鑑証明書（発行日から3か月以内のもの）のどちらかを持参します。代理人が出向く場合には、本人発行の委任状と本人の印鑑証明書に加えて、代理人の実印と印鑑証明書（代理人確認資料）も必要です。

　契約当事者間では、公正証書にしてもらう文書の内容を事前に決めておきます。契約書があればそれを持っていけばよいのですが、なければ主要な点だけでもメモした書面を持っていくとよいでしょう。

　なお、公正証書の作成に際しては公証人に手数料を支払う必要があります。手数料は貸付金などの金額を基に算出されます。

トラブルになったら内容証明郵便を出す

相手に対してプレッシャーをかけることができる

● 内容証明郵便とは

内容証明郵便は「誰が」「いつ」「どんな内容の郵便を」「誰に送ったのか」を日本郵便株式会社が証明してくれる特殊な郵便です。

一般の郵便物でも書留郵便にしておけば、郵便物を引き受けた時から配達されるまでの保管記録は郵便局に残されます。しかし、書留郵便では郵便物の内容を証明することはできません。

その点、内容証明郵便を配達証明つきにしておけば、郵送された文書の内容自体の証明にもなります。つまり、郵便物を発信した事実に加えて、その内容、さらに相手に配達された事実まで証明してもらえます。これは後々訴訟になった場合の強力な証拠になります。

もっとも、内容証明郵便自体は、公正証書と異なり、特別な法的効力をもつわけではありません。法的効力が問題となるのは、それに書かれた内容です。ただ、特殊な郵便物ですから、受け取った側は何らかの反応をしてきます。たとえば、相手にお金を貸している場合、それまで何度請求しても反応が一切なかったのが、内容証明郵便を送ることで分割払いの申出や、支払延期の申出がなされたりします。

● 同じ内容のものが最低3通必要

内容証明郵便は、受取人が1人の場合でも、同じ内容の文面の手紙を最低3通用意する必要があります。

ただ、全部手書きである必要はなく、コピーでもOKです。郵便局ではそのうち1通を受取人に送り、1通を郵便局に保管し、もう1通は差出人に返してくれます。同じ内容の文面を複数の相手方に送る場

第2章 債権回収の実務

合には、「相手方の数＋2通」分用意します。用紙の指定は特にあり
ません。手書きの場合は、原稿用紙のようにマス目が印刷された市販
のものを利用してもよいでしょう。なお、文字入力ソフトで作成して
もよいことになっています。

● 内容に間違いがないように

内容証明郵便は受取人にインパクトを与える郵便です。後々訴訟に
なった場合、証明力の高い文書として利用ができます。一方、一度
送ってしまうと、後から訂正ができませんので、内容証明郵便で送る
文書は、事実関係を十分に調査・確認した上で、正確に記入すること
が必要です。誤った事実が書いてあると、将来裁判になった場合に、
主張や請求の根拠について疑いを持たれる可能性があります。

なお、誤って内容証明を出してしまった場合でも、相手方に配達さ
れる前であれば取り戻すことができる可能性があります。最寄りの郵
便局で迅速に「取戻請求」の手続きをとるようにしましょう。

● 1枚の用紙に書ける字数

内容証明郵便は1枚の用紙に書ける文字数に制約があります。縦書
きの場合は、1行20字以内、用紙1枚26行以内に収めます。横書きの
場合は、①1行20字以内で用紙1枚26行以内、②1行26字以内で用紙
1枚20行以内、③1行13字以内で用紙1枚40行以内のいずれかに収め
ます。つまり、用紙1枚に520字までが最大限です。長文になるとき
は、用紙が2枚・3枚となってもかまいません。枚数に制限はありま
せんが、1枚ごとに料金が必要になります（次ページ）。

なお、インターネット上の「電子内容証明サービス」を利用して内
容証明郵便を送る場合、1枚あたりの文字数制限はありませんが、用
紙の大きさ（A4のみ）と余白の指定（上・右・左は1.5cm以上、下は
7cm以上）があります。

使用できる文字は、ひらがな、カタカナ、漢字、数字です。英語は固有名詞に限り使用可能ですが、数字は算用数字でも漢数字でも使用できます。また、句読点や括弧なども1字と数えます。一般に記号として使用されている＋、−、％、＝なども使用できます。

　なお、①、（2）などの丸囲み、括弧つきの数字は、文中の順序を示す記号として使う場合は1字、そうでない場合は2字として数えます。用紙が2枚以上になる場合は、差し替え防止のため、ホチキスや糊で綴じて、ページのつなぎ目に左右の用紙へまたがるように、差出人のハンコを押します（割印）。ハンコは認印でもかまいません。

◉ 字句の訂正・削除

　字句を削除したり訂正する場合は、その部分に2本線を引きます。消した文字は読めるようにしておかなければなりませんので、塗りつぶさないようにしてください。

　訂正して正しく書き加える文字は、2本線を引いて消した文字のわ

■ 内容証明の作成ルール ……………………………………………

用　紙	市販されているものもあるが、特に指定はない。 B4判、A4判、B5判が使用されている。
文　字	日本語のみ。かな（ひらがな、カタカナ）、 漢字、数字（算用数字・漢数字）。 外国語不可。英字は不可（固有名詞に限り使用可）
文字数と 行数	縦書きの場合　　：20字以内×26行以内 横書きの場合①：20字以内×26行以内 横書きの場合②：26字以内×20行以内 横書きの場合③：13字以内×40行以内
料　金	文書1枚（430円）＋郵送料（82円）＋書留料（430円） ＋配達証明料（差出時310円）＝1252円 文書が1枚増えるごとに260円加算

※平成26年4月1日消費税8％改訂時の料金

第2章　債権回収の実務　　57

き、縦書きであれば右側、横書きであれば上側に書き添えます。文字を挿入する場合には、挿入する箇所の、縦書きなら右側、横書きなら上側に文字を書き、括弧で挿入位置を指定します。

このようにして字句を削除、訂正、挿入した場合には、これを行った行の上欄または下欄（横書きなら右欄または左欄）の余白、あるいは末尾の余白に、「○行目○字削除」「○行目○字訂正」というように記し、これに押印しなければなりません。

◉ 取り扱う窓口へ持って行く

以上の手順で作成した同じ文章の書面３通（受取人が複数ある場合には、その数に２通を加えた数）と、差出人・受取人の住所氏名を書いた封筒を受取人の数だけ持って、郵便局（差出事業所）の窓口へ持参します。すべての郵便局で内容証明郵便を取り扱っているわけではないので、取り扱っている窓口を事前に調べておくことが必要です。持参する際には、字数計算に誤りがあったときなどのために、訂正用の印鑑を持っていくのがよいでしょう。

郵便局に提出するのは、内容証明の文書、それに記載された差出人・受取人と同一の住所・氏名が書かれた封筒です。窓口で、それぞれの書面に「確かに何日に受けつけました」という内容の証明文と日付の明記されたスタンプが押されます。その後、文書を封筒に入れ、再び窓口に差し出します。そして、引き替えに受領証と控え用の文書が交付されます。これは後々の証明になりますので、大切に保管しておいてください。

◉ 料金と配達証明

料金は内容証明料金が１枚につき430円（１枚増えるごとに260円加算）、書留料金430円、通常の郵便料金82円（25gまで）、配達証明料金310円になります。

法的な効果をもつ文書は、それが相手方に到達した時に効力を生じます（これを到達主義といいます）。内容証明郵便を出すときには、**配達証明付**で出すことを忘れないようにしましょう。確実に相手方に届いたのか、いつ届いたのかが争いになった場合に、この配達証明が後々役に立ちます。配達証明の依頼は、内容証明郵便を出すときに一括に申し出ますが、差出後でも1年以内であれば、配達証明を出してもらうことができます。この場合の配達証明料は430円になります。

◉ インターネットからは24時間いつでも出せる

　内容証明郵便を電子化して、インターネットを通じて24時間受付を行う「電子内容証明サービス」が提供されています。このサービスを利用すると24時間いつでも申込みができます。あらかじめ利用者登録が必要ですので、詳細は「https://e-naiyo.post.japanpost.jp/」を参照してください。

■ 内容証明郵便を書く際の注意事項 ……………………………

・句読点
　　「、」や「。」は1文字扱い

・□□□の扱い
　　文字を□□□で囲うこともできるが、□□□を1文字としてカウントする。たとえば、「角角」という記載については3文字として扱う

・下線つきの文字
　　下線をつけた文字については下線と文字を含めて1文字として扱う。たとえば「3か月以内」は5文字扱い

・記号の文字数
　　「%」は1文字として扱う。「㎡」は2文字として扱う
　　「」や（）などの括弧は全体で1文字としてカウントする

・1字下げをした場合
　　文頭など、字下げをした場合、空いたスペースは1字とは扱わない

第2章　債権回収の実務　　59

9 支払督促で回収を図る

訴訟と比べると時間もかからず費用も安い

◉ 簡易裁判所が関与する

　支払督促とは、簡易裁判所の裁判所書記官を通じて、債務者に対して債務を支払うように督促（催促）する制度です。

　内容証明郵便とは違い、支払督促は裁判所が関与する手続です。内容証明郵便で催促することも債権者の強い意志を債務者に対して示すことになりますが、支払督促は債務者との間で債権の存在や内容について争いがないケースで、特に効果的な手段といえるでしょう。

◉ 申立てが受理され審査される

　要件が充たされていないと、申立ては却下（支払督促の請求を退けること）されます。事前の準備を十分にした上で簡易裁判所に行くべきでしょう。

①　支払督促の対象となる債権

　支払督促の対象となるのは、「金銭その他の代替物または有価証券の一定数量の給付請求権」に限られます。

②　管轄の簡易裁判所へ申し立てる

　債務者の住所（法人の場合は主たる事務所・営業所の所在地）を管轄する簡易裁判所の裁判所書記官に、支払督促の申立てをしなければなりません。管轄外の裁判所に申立てをしても却下されます。

③　請求の原因が適法であること

　請求の原因が不適法であるときも申立てが却下されます。特に借金の取立ての場合は、利息制限法に注意しなければなりません。利息制限法は年利（1年あたりの利率）の上限を定めており、①貸した金額

（元金）が10万円未満は年利20％、②10万円以上100万円未満は年利18％、③100万円以上は年利15％が上限とされ、この上限を超えた年利は無効となります。また、借金の遅延損害金についても①〜③の上限年利の1.46倍までという上限が設けられています。

④　簡単な不備は補正する

　裁判所書記官が提出された申立書を審査して、不備が簡単なものであれば補正（補充や訂正）するように命じます。これを補正処分といいます。補正処分に応じないと、申立ては却下されます。

⑤　申立てが受理された後

　無事に申立てが受理されると、事件番号がつけられます。

● 仮執行宣言とは

　支払督促という制度は、裁判所からの督促を通じて債務者に心理的圧迫をかけて、債務者からの自発的な支払いを促すものです。

　しかし、債務者が素直に支払わない場合には、最終的には強制的に債権者の満足を得ることが必要になります。そのために用意されてい

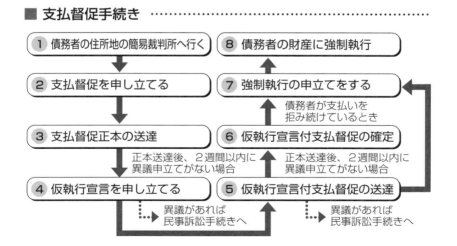

るのが、仮執行宣言です。

　通常の訴訟では、債権者が勝訴判決を得てそれが確定すると（確定判決）、判決に執行力が生じます。執行力とは、判決にもかかわらず債務者が支払いなどの判決内容を実現しない場合に、裁判所によって強制的にその内容を実現することができる効力です。この執行力に基づいて、強制的に債権を実現する手続が強制執行です。

　執行力は通常の訴訟の場合だけではなく、支払督促の場合でも発生します。しかも、支払督促が確定する前に、裁判所が仮の執行力を与えることがあります。それが「仮執行宣言」なのです。仮執行宣言は、債権者が迅速に手続を進めて、債権の回収ができるようにするための制度です。支払督促に仮執行宣言がつけられると、債権者は強制執行の申立てをすることができるようになります。

◉ 仮執行宣言の申立手続

　債権者にとっては非常に便利な仮執行宣言ですが、何もしないままつけられるわけではなく、債権者が支払督促の申立てをした裁判所に対して、**仮執行宣言の申立て**をすることが必要です。

　仮執行宣言の申立ての手続は、支払督促の申立手続と似ており、支払督促の申立てをした裁判所に対し書面によって行います。

　仮執行宣言の申立ての際に気をつけるべきことは、申立てができる期間が限られているということです。

　まず、いつからできるようになるかというと、支払督促正本が債務者に送達された日の翌日から起算して2週間経過すれば申立てができます。たとえば、債務者に支払督促正本が送達されたのが4月1日だとすると、申立てができるのは4月16日以降ということになります。

　次に、送達後2週間を経過した日から起算して30日を経過したら、申立てができなくなり却下されてしまいます。支払督促正本が債務者に送達された日が4月1日だとすると、4月16日から5月15日までに

申立てをしなければなりません。ですから、いつ債務者に送達がなされたかについては、忘れないようにしておかなければなりません。

　仮執行宣言の申立てが受理されると、裁判所書記官が審査を行い、債務者に仮執行宣言付支払督促を送達します。これに対して、債務者から異議の申立てがないまま2週間が経過すると、支払督促は確定することになります。

◉ 費用はどうなっている

　収入印紙を申立書に貼付して納めます。印紙額は、訴訟の場合の半額とされています。具体的には、請求金額が10万円以下の場合の500円から始まり、請求金額が10万円を超えると10万円ごとに500円が加算され、100万円を超えると20万円ごとに500円が加算され、500万円を超えると50万円ごとに1000円が加算され、請求金額が1000万円を超えると100万円ごとに1500円が加算されます。

■ 申立書と添付書類 ……………………………………………………

申立書	① **申立書** 「表題部」「当事者目録」「請求の趣旨及び原因」によって構成されている。記載事項は、申立年月日、債権者の氏名・住所、債務者の氏名・住所、請求の趣旨、請求の原因など。
	② **目録などの数** 「当事者目録」「請求の趣旨及び原因」。申立人の分を含めて原則として、それぞれ3通提出する。
添付書類	① **申立手数料（印紙）** 収入印紙を申立書に添付して納める。
	② **支払督促正本送達費用** 裁判所から債務者に支払督促正本を送達（郵送）する際にかかる費用。特別送達といって、通常の郵送方法より高額。債務者の住所と氏名を記載し、1100円分（裁判所により多少異なる）の切手を貼った角形2号封筒を債務者の人数分用意する必要がある。
	③ **支払督促発付通知費用** 債務者に支払督促正本がいつ発付されたかを裁判所から債権者に連絡するための費用。通知は普通郵便または普通はがき。
	④ **資格証明書手数料** 法人の登記事項証明書や法定代理人が申し立てる場合の戸籍謄抄本などのこと（通常1000円程度）。

第2章　債権回収の実務　　**63**

10 話し合いができるなら民事調停を活用する

合意が成立すれば執行力もある

◉ 円満な解決を望むなら最適

　民事調停とは、裁判官と民間人から構成される調停委員会が、当事者間の合意成立に向けて協力する制度です。民事調停は債権者からでも債務者からでも申立てができます。管轄裁判所は相手方の住所地を管轄する簡易裁判所です。申立書の用紙は簡易裁判所の窓口に用意されています。申立時には、請求の価額に応じた収入印紙と予納郵券（あらかじめ納めておく郵便切手のこと）、添付書類を提出します。郵送でも大丈夫です。手数料は原則として訴訟手数料の半額であり、予納郵券は裁判所や相手方の数によって違ってきます。

　当事者双方の互譲（歩み寄ること）が期待できない場合には民事調停は不向きです。調停が成立して解決できる保証はありませんが、円満な早期解決を望む場合や、コストの面からできるだけ安く解決したい場合などに利用価値があります。また、債務の存在は認めていても支払能力に多少の不安がある債務者の場合は、債務の減額・猶予・分割払いなどの譲歩をして、任意の支払いで回収した方がよいこともあります。この場合も調停を利用してみる価値があります。

◉ 民事調停の手続き

　調停の申立てが受理されると、相手方に申立書の副本と呼出状が送られます。通常は1か月後程度で第1回調停期日が決まります。調停期日には、裁判所の調停委員会が当事者双方から紛争の実情や言い分、希望などを聴き、最も適当な解決方法を考えます。そして、双方を説得し合意の成立をめざします。当事者から交互に事情を聴いた後で、

今度は調停委員を交えて、当事者が話し合いをすることになります。
　その結果、妥協点が見つかれば妥協案を作成し、裁判官が調停室へ呼ばれます。妥協案を裁判官が点検し、必要な訂正などを加えた後で読み上げ、これを同席している裁判所書記官が調停調書に記載します。これで調停は成立です。調停が成立すると、訴訟における確定判決と同一の効力をもちますので、債務者が調停内容を守らなかった場合には、調停調書に基づいて強制執行ができます（執行力）。
　しかし、話し合いがまとまらない場合は、調停が打ち切られて不成立となります。その後は訴訟の提起を検討することになります。
　訴訟を提起するのはいつでも大丈夫ですが、調停不成立の日から２週間以内に訴訟を提起するのであれば、訴訟手数料は、調停申立ての際に納付済みの印紙代と訴訟手数料の差額を支払えば足ります。また、この場合、調停申立時に訴えの提起があったとみなされますので、この時点で時効が更新します。
　なお、話し合いがまとまらない場合であっても、裁判所は、相当と認めるときは、調停委員の意見を聞き、当事者双方の事情を考慮した上で、職権で調停に代わる決定をすることができます。この決定に対して、当事者双方から２週間以内に異議申立てがなければ、決定は調停が成立したのと同じ効力をもつことになります。

■ **民事調停手続の流れ**

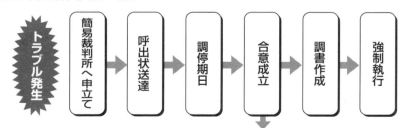

11 訴訟を起こす場合には何に気をつけるか

100％勝てるとは言えないので損得を考えること

● 回収する債権に見合ったコストかどうか検討しておく

　訴訟を起こす最大のメリットは、勝訴判決を取得すれば、最終的には相手方の財産に対して強制執行をし、債権回収の目的を果たすことができるということです。

　しかし、訴訟を起こしても、100％勝てるという保証はありません。確かに債権はあるはずなのに、訴訟で負けてしまうと、債権は回収できなくなります。裁判は証拠が勝負ですから、証拠の収集や提出が十分でない場合には、負けてしまうこともあります。さらに、訴訟にかかる手間・時間・費用も考慮しなければなりません。相手方が徹底的に争ってくるときは、相当の時間がかかります。また、複雑な内容になってくれば、弁護士（訴額140万円以下であれば認定司法書士も対応可能）の助力が必要になります。裁判にかかる費用の多くの部分を占めるのは弁護士費用です。訴訟に勝ったとしても、弁護士費用は原則として自己負担です。相手方の負担にできるのは、裁判所に納める訴訟費用だけです。

　訴訟に踏み切るかどうかを判断するには、まずは、回収しようする債権と訴訟にかかるコスト（手間・時間・費用）を天秤にかけることになります。しかし、債務者側の不誠実な対応、類似の権利侵害を防止する必要性（「見せしめ」として訴訟をするなど）、事件の重大性などによっては、コスト的には見合わなくても、訴訟に踏み切るべき場合もあります。結局、いろいろな事情を総合的に考慮して判断することになります。

　訴訟はどこの裁判所に起こしてもよいわけではなく、請求する金額

66

によって簡易裁判所か地方裁判所かに分かれます。請求金額が140万円以下であれば簡易裁判所、140万円を超えれば地方裁判所に訴えを起こすのが原則です。また、原則として被告の住所地の裁判所に訴えを起こしますが、財産上の訴えは義務履行地（債権者の住所地）の裁判所に訴えを起こすこともできます。また、第一審の裁判所に限り、当事者の合意で定めた裁判所に訴えを起こすことができます。

● 訴訟手続きの流れ

　原告（債権者）が裁判所に訴状を提出することから訴訟が始まります。受理された訴状には、受付印が押され事件番号がつけられます。この事件番号によって訴訟が特定され、管理されます。

　その後、被告（債務者）には、訴状と第1回期日の呼出状が送達されます。原告には、第1回期日の呼出状が送達されます。訴訟の期日は、中立・公正な第三者である裁判官の前で、原告・被告双方がそれぞれ自分の言い分を主張し、それを証拠によって証明し合います。テレビドラマなどでは、原告・被告双方が口頭で激しく討論し合う場面が登場することもありますが、現実の裁判は静かなことが多いようです。当事者の主張は、書面に記載して提出することですまされます。

　被告は答弁書を提出し、原告の請求とその根拠となる事実に対する認否を行います。原告は訴状の中で自分の主張を展開しているため、それに対して被告が応答するわけです。もし被告が原告の主張をそのまま認めると、原告勝訴で訴訟が終わります（確定判決を同じ効力をもつ「認諾調書」が作成されます）。しかし、被告が少しでも原告の請求を争うときは、原告・被告の双方が自分の主張を展開し、それを根拠づける証拠を提出し合う「証拠調べ」が行われます。裁判所が証拠調べによって心証を得ると、判決期日を設定します。

　裁判所が判決を言い渡すと、判決書が原告・被告双方のもとに送達されて、第一審の訴訟手続が終了します。しかし、判決に不服がある

第2章　債権回収の実務　67

当事者は、判決書送達後14日以内に、上級裁判所（簡易裁判所が第一審の場合は地方裁判所）に対し控訴して争うことができます。

　訴訟はどうしてもそれ相当の時間がかかるものです。また、もともと民事紛争は、当事者同士の話し合いで解決がつけば、それに越したことはないという性質のものです。そこで、裁判所としても、タイミングを見て和解を勧めてきます。

　債権回収のために訴訟を起こした後も、相手方の出方に応じて、いつ和解に持ち込むかを念頭においておくとよいでしょう。第一審で勝訴したとしても、控訴・上告と訴訟が続くことも想定されますし、仮に判決が確定しても、相手方が判決に素直に従わなければ、その後に強制執行の手続をとらなければなりません。「訴訟に勝つことだけにとらわれず、訴訟も債権回収の1つの手段と割り切って利用する」という視点が大切です。

◉ 訴訟にはどれだけの時間がかかるのか

　訴訟には時間がかかることもありますが、どんな訴訟でも相当な時間がかかるのかといえば、そうではありません。事件の内容と相手方の出方次第で、かかる時間には違いがあります。

　訴訟が提起されて、被告（債務者）が期日の呼出しの通知を受けたのにもかかわらず、期日に出廷せず、訴状に対する反論や言い分を書いた答弁書も提出しないときは、裁判所は被告は争わないものと判断して被告欠席のまま欠席判決（原告の全面勝訴の判決）が出されることがあります。

　また、被告が出廷して反論を試みても、原告側に事実を裏づけるだけの明確かつ十分な証拠がある場合は、訴訟は2～3か月程度の期間で終わります。一方、事件の内容が複雑で、しかも明確な証拠が十分に提出できないということになれば、一審だけで2～3年かかることもあります。その上、控訴・上告ということになれば、さらに長い年

月がかかります。債権管理にあたる者としては、日常の業務の過程でも、訴訟になった場合に備えて、書面その他の証拠となるものの管理をしっかりしておかなければなりません。

　裁判にかかる費用は、裁判所に納める訴訟費用と、専門家に依頼した場合の弁護士（認定司法書士）費用が中心です。訴訟費用のうち訴訟手数料は、収入印紙を訴状に貼って裁判所に納付します。請求金額によって印紙額が異なります。たとえば、請求金額が100万円以下であれば１万円、200万円以下であれば１万5000円という具合です。また、証人を呼ぶ必要がある場合には、証人の日当や宿泊費や交通費なども必要です。証拠などについて鑑定が必要になれば、鑑定費用が必要になります。

　証拠もあり、簡単な内容の訴訟であれば自分でもできますが、複雑な内容になると、訴訟に勝つにはある程度の法廷技術がモノをいってくることもあります。そうなれば、弁護士や認定司法書士に依頼する費用がかかります。

■ 訴えの提起から判決まで

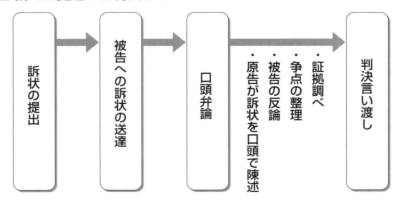

12 少額訴訟手続について知っておこう

60万円以下の金銭債権を請求する場合に利用できる

◉ 金銭請求に限って利用できる

　民事訴訟手続は、一般に時間と費用のかかる手続といえます。こうした状態を改善し、裁判制度の利用の幅を広げるために導入されたのが、**少額訴訟**の制度です。

　少額訴訟で扱われるのは、60万円以下の金銭支払請求に限られています。たとえば、動産の引渡しを請求する訴えなどの場合には、この手続は利用できません。少額訴訟では、原則として1回の期日で双方の言い分を聞いたり証拠を調べたりして、直ちに判決が言い渡されます。通常の民事訴訟では、提出が認められている証拠について特に制限はありませんが、少額訴訟では証拠はすぐに取り調べができるものに限られています。

　通常の民事訴訟では、判決に不服がある者は、上級裁判所に上訴（控訴・上告）することができます。しかし、少額訴訟は一審限りで終結し、判決に対して上訴することは認められていません。判決に不服がある原告または被告は、判決を下した簡易裁判所に異議を申し立て

■ 少額訴訟の対象

対象となる主な金銭債権
●売掛金　●少額の貸付金　●ホテルなどの宿泊代金　●飲食料金
●サービスメンテナンス料金　●軽い物損事故などの賠償金　●賃金
●慰謝料　●敷金・保証金　●請負代金

70

ることができるしくみになっています。異議が認められると、少額訴訟の手続は通常の民事訴訟の第一審手続へと移行します。

なお、少額訴訟は濫用を防止するため、利用回数が制限されています。同一の原告が同一の簡易裁判所に対して行える少額訴訟の申立回数は、年間10回までに限定されています。

そのため、少額訴訟を提起するときに、その簡易裁判所でその年に少額訴訟を何回提起したかを申告することになります。きちんと申告せずに制限回数を超えた場合には、10万円以下の過料（ペナルティ）に処せられます。

また、少額訴訟の審理の途中で、被告は通常の民事訴訟に移行させるように求めることができます。このように被告が少額訴訟に同意しない場合は、通常の民事訴訟に移行することになります。さらに、少額訴訟で原告の請求が認められた場合には、判決の中で被告に支払猶予期間が与えられることもあります。これは、裁判所が、被告の資力やその他の事情を考慮して、3年以内に限って金銭の支払を猶予したり、その期間内に分割で支払うことを認めるというものです。

少額訴訟については、簡易裁判所に少額訴訟の訴状の定型用紙が備えつけられていて、それに適宜必要事項を記載すればよい形になっています。簡易裁判所の訴訟の中でも、さらに手続きがしやすいものです。

■ **少額訴訟手続の流れ**

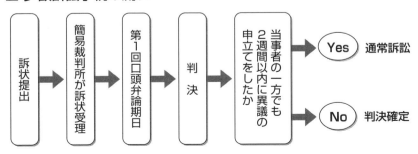

第2章　債権回収の実務　71

13 手形訴訟・小切手訴訟について知っておこう

提出する証拠は書証に限られる

◉ 手形訴訟・小切手訴訟とは

　手形や小切手による金銭の支払いを請求する場合、**手形訴訟**、**小切手訴訟**という特別な訴訟手続を利用することができます。通常の訴訟手続では、訴えの提起から判決まで、ある程度の時間がかかります。しかし、手形や小切手のような迅速な決済が要求される場合には、あまり時間がかかり過ぎるのは困ります。そこで、手形や小切手に関する訴訟について、簡易迅速に権利の実現ができるように特別の手続が用意されています。それが手形訴訟・小切手訴訟です。

　手形訴訟・小切手訴訟の最大の特徴は、提出できる証拠が書証（手形や小切手、契約書、領収書など）に限られていることです。本人尋問は許されていますが、証人尋問はできません。また、反訴（訴えられた被告が、同じ訴訟手続の中で、原告を相手に訴えを起こすこと）も認められていませんし、判決に対しては控訴もできません。ただし、判決が下されても、判決が送達されてから2週間以内に異議申立てがあれば、手続は通常の訴訟へ移行します。さらに、審理は原則として1回で終了します。これらの点は、少額訴訟に似ています。

　なお、訴訟を提起する段階で、手形訴訟・小切手訴訟を選ぶか、通常の訴訟を選ぶのかは、原告が選択することができます。審理が終了すると判決が出ますが、原告勝訴の判決には仮執行宣言がつきます。そもそも、判決が出されても、それが確定するまで強制執行はできないのが原則ですが、仮執行宣言がつくと、判決が確定する前でも直ちに強制執行の申立てをすることができます。被告が判決に付された仮執行宣言による強制執行の停止を求めるためには、その理由を疎

明（79ページ）しなければならなくなり、さらに、請求金額とほぼ同様の保証金を裁判所に出さなければなりません。

手形訴訟・小切手訴訟では、まず訴状を裁判所に提出することから開始します。管轄裁判所については、通常の訴訟と同様に考えてかまいません。つまり訴額が140万円を超えるなら地方裁判所、140万円以下なら原則として簡易裁判所へ訴えを提起します。これとは別に手形や小切手の支払地にある裁判所に訴えを提起することもできます。

訴状には、手形訴訟・小切手訴訟による審理を求める旨の申述を記載し、手形・小切手の写しを提出しなければなりません。

訴状を受理すると、裁判所は口頭弁論期日を定め、当事者を呼び出すことになります。口頭弁論で行われることは、通常の訴訟と同様ですが、前述のように、証拠調べの対象は原則として書証に限られています。弁論は終結すると判決が下されます。判決に対しては、2週間以内に異議申立てを行うことができ、異議申立てがあれば、改めて通常の民事訴訟手続がとられます。

■ **手形訴訟の手続き**

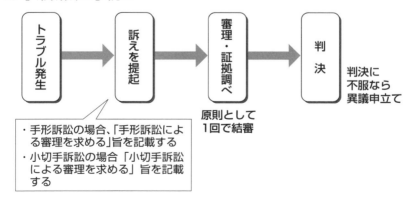

第2章　債権回収の実務

Column

即決和解とは

　債権の存在そのものや債務額について争いがあったものの、その後の当事者同士の話し合いで、一定の結論が出たという場合には、これを確かなものにしておくために、即決和解という制度が利用できます。即決和解は和解の一種で、訴訟を起こしてから和解をするのではなく、訴訟前に和解をするものですから、起訴前の和解とも呼ばれます。

　一般の示談を裁判外の和解と呼ぶのに対して、裁判所が関与する和解を裁判上の和解といっています。即決和解は、裁判外で行われた和解の内容を裁判所の関与の下で和解調書に記載してもらい、判決と同じような効力を持たせ、債務名義とするために利用されています。示談書を公正証書にしても、強制執行ができるようになりますが、公正証書に執行認諾約款をつけなければならず、金銭債権のみが対象となるなどの制限があります（52ページ）。これに対して即決和解では、金銭債権に限らず、たとえば土地・建物の明渡請求などの場合にも利用できるというメリットがあります。

■ 即決和解の申立て

・金銭債権なら公正証書にする方法もある。
・金銭債権以外の債権なら即決和解がオススメ

第3章

債権保全・執行手続

保全手続とはどんな手続きなのか

裁判所を通した債権の保全手続を理解しておく

● 債務者の財産隠しを封じるのが目的

　債権者からの請求に応じない債務者に対しては、最終的に訴訟ということにならざるを得ませんが、こちらが訴訟を起こしたときに生じるのが債務者の財産隠しです。

　せっかく訴訟を起こして勝訴判決を取得し、強制執行（国家が債権者の請求を強制的に実現する手続）ができることになっても、財産のない債務者からは何もとれません。強制執行をしても、取り上げるだけの財産が債務者になければ、多くの時間や費用をかけて手に入れた勝訴判決がムダになってしまいます。そうならないためにも、債務者の財産隠しを封じておかなければなりません。そのときに利用できる手段が民事保全法で規定されている保全手続です。

● 債務者の財産を確保しておく

　裁判を利用して債権を回収する場合、訴えの提起に始まり、確定した勝訴判決（確定判決）を得てから、債務者の財産に強制執行をかけて、現実に金銭の支払いを得ることができます。このとき、確定判決という債務名義（83ページ）を得たからといって、すぐに強制執行ができるわけではありません。債務名義に強制執行を認める旨の執行文をつけてもらうことで、はじめて強制執行が可能となります。

　このように、訴訟を提起して債権を回収するには、勝訴するまでに多くの時間がかかり、勝訴してからも一定の時間がかかります。その時間が経過する間に、債務者が自分の財産の中で、価値の高い物を他の債権者や第三者に売却してしまったらどうなるのでしょうか。

76

強制執行をするための準備が完了し、やっと強制執行の手続が開始したときには、債務者の元から価値の高い財産はすべて売却されており、強制執行が何の役にも立たないということになります。このように、勝訴判決をせっかく取得したのに、債権の回収が事実上できなくなる事態が生じる可能性が十分にあるのです。
　そのような事態を避けるために、**保全手続**という制度が存在します。保全手続とは、債権者が強制執行をかける場合に備えて、債務者の財産をあらかじめ確保しておく制度といえます。

● 仮差押と仮処分

　保全手続は、金銭債権の保全を目的としているか否かにより、大きく仮差押と仮処分の2つに分けられます。

① 　仮差押

　金銭の支払いを目的とする債権（金銭債権）のための保全手続で、金銭債権の債務者が所有する特定の財産の現状を維持させる措置です。たとえば、AがBに対して金銭債権を持っている場合に、AがB所有

■ **民事保全の全体像**

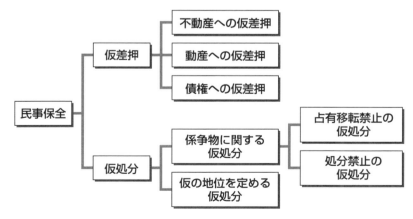

の土地を仮差押したときは、Bがその土地を自由に処分すること（売却や担保の設定など）が禁止されます。

仮差押をしたら、その後に民事裁判（貸金返還請求訴訟など）を起こさなければなりません。仮差押は民事裁判で争う金銭債権を暫定的に確保するのが目的です。ですから、仮差押の後に訴訟を起こさなければ、仮差押が裁判所によって取り消されるおそれがあります。

② 仮処分

仮処分は、仮差押と異なり、金銭債権以外の権利を保全するための保全手続です。①係争物に関する仮処分（物の引渡請求や明渡請求をするため、目的物の現状を維持する処分のこと）と、②仮の地位を定める仮処分（権利関係が争われている場合に、暫定的に仮の地位を定めること）があります。①の例として不動産の占有移転禁止の仮処分などがあり、②の例として従業員が不当解雇された場合の従業員の地位保全の仮処分などがあります。

● 保全手続の流れをつかむ

仮差押・仮処分の大まかな手続の流れは以下のようになります。

まず裁判所に「仮差押命令」「仮処分命令」の申立て（保全命令の申立て）をします。この申立ては書面で行うのが原則です。

次に、その申立てを受けた裁判所が債権者に審尋（面接）などをします。審尋では、保全の必要性や保証金の決定などについて裁判所が債権者に質問をします。さらに、裁判所が決定した仮差押・仮処分の保証金を納付します。その後に裁判所が仮差押・仮処分の決定（保全命令）をし、実際の執行がなされます（保全執行）。

● 保全命令の申立てをする

保全命令の申立ては、書面（申立書）によって行います。申立書には、被保全債権の内容とその保全の必要性を明らかにする資料、目的

物の目録・謄本などを添付します。申し立てる裁判所は、原則として、債務者の住所地を管轄する地方裁判所ですが、詳細については、民事保全法、民事訴訟法で定められています。民事保全の申立ては、本案（民事保全の申立ての目的である権利についての訴えのこと）を提起する前もしくは同時になされるのが一般的です。

　申立先を間違えた場合、民事保全法によれば、裁判所の職権で必ず移送しなければならないことになっています。ただし、実務上は、裁判所書記官から債権者が管轄違いの指摘を受けた後で、自発的に申立てを取り下げて、管轄裁判所に申し立てることがほとんどです。

● 被保全債権について疎明をする

　仮差押・仮処分の申立てに際しては、被保全債権（保全してもらいたい債務者に対する債権）が実際に存在することを疎明する必要があります。疎明とは、裁判官を一応納得させる程度の説明で、裁判で必要とされる証明よりも程度が緩やかなものをいいます。つまり、被保全債権が実際に存在することを、裁判官に一応納得してもらえればよいのです。疎明に際しては、被保全債権についての債務者との契約書などを資料として提出します。

● 保全の必要性

　仮差押・仮処分の申立てでは、被保全債権の存在が認められるだけ

■ 民事保全の流れ

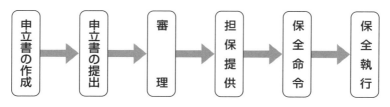

申立書の作成 → 申立書の提出 → 審理 → 担保提供 → 保全命令 → 保全執行

では不十分です。さらに、現時点で仮差押・仮処分をする必要性、つまり「保全の必要性」についても疎明する必要があります。

　たとえば、AがBに対してもつ債権の支払について、勝訴判決を得たとします。このとき、Bが唯一の財産である不動産を売却処分しようとしており、この不動産が処分されてしまうと、Aが勝訴判決を得ても強制執行をできる財産がなくなってしまう、などの具体的な事情を疎明できることが必要になります。

◉ 目的財産を特定する

　仮差押を行う場合に、債務者のどの財産に仮差押をかけるのかを明らかにするため、目的財産を特定する必要があります。ただし、動産の仮差押の場合には特定する必要はありません。

◉ 債権に対する仮差押

　保全処分として、債務者が第三者に対してもつ債権を仮差押することもできます。たとえば、AがBに対して被保全債権をもっていて、BはC（第三債務者）に対して債権をもっているとします。このとき、AはBのCに対する債権の仮差押ができます。

　債権の仮差押をする場合には、債務者の第三債務者に対する債権の存否などを確認する必要があります。

　なぜなら、債務者が第三債務者に対して債権をもっていなかったり、その債権の金額が被保全債権の金額に著しく不足していたりするのでは、仮差押をしてもムダだからです。そのため、仮差押命令の申立てと同時に「第三債務者に対する陳述催告の申立て」も行います。

◉ 債権者の審尋をする

　仮差押・仮処分の申立てについての裁判所の判断は、申立書と疎明資料だけでなされるのが原則です。これは、保全手続の迅速性を確保

するためですが、実際には審尋という手続がなされています。

審尋とは、裁判所に債権者が出頭し、裁判官に証拠資料の原本を確認してもらい（通常証拠資料のコピーを提出します）、保全の必要性を疎明し、担保（保証金）について裁判官と協議をする手続です。

◉ 担保（保証金）を立てる

仮差押・仮処分は、債権者の言い分だけに基づく、裁判所による「仮の」決定です。後日、債権者が訴訟提起をして敗訴することもあります。そのような場合には、仮差押・仮処分の相手には、損失が生じる可能性があります。そこで、裁判所は、そのような相手が被る損害を担保する目的で、債権者（申立人）に対して一定額の保証金を納付することを求めることができます。

■ 仮差押の効力

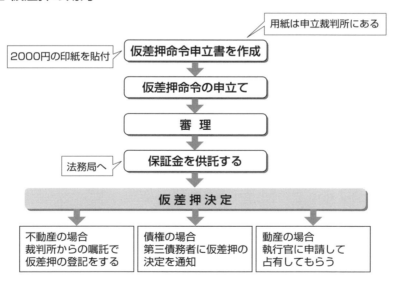

2 強制執行について知っておこう

3点セットをそろえる必要がある

◉ 強制執行で債権を回収する

　債務の履行をしない債務者に対して、粘り強く交渉をしたり、訴訟を起こして、債務者と交渉が成立したり、勝訴判決を得たとしても、それだけで債権の回収が実現できるかというと、そうではないのです。和解や調停にしても支払督促にしても、債務者に履行を命じる給付判決にしても、そこで定められた内容を実現するため、債務者が任意に債務の履行をしなければ、最終的には民事執行という手段をとらなければならないことになっています。

　民事執行とは、国家権力による民事上の強制手段であって、強制執行や担保権の実行としての競売（担保執行）などの総称です。

　強制執行とは、任意に債務が履行されない場合に、裁判所によって強制的に履行があったのと同じ状態を作り出す手続です。一方、担保執行とは、抵当権や質権などに基づいて、その目的である財産（担保目的物）を競売その他の方法で強制的に換価（売却）して、被担保債権の回収を図る手続です。

　強制執行と担保執行は、その性質も対象も異なる点が見られますが、いずれも債務者の財産を強制的にとり上げて、債権の回収を図るための制度です。この段階になって債権回収が完結します。民事執行の手続で頻繁に行われるのは、不動産執行・動産執行・債権執行です。

　強制執行をするには、執行機関である裁判所または執行官（動産執行の場合）に申立てを行わなければなりません。強制執行に関与する裁判所を執行裁判所と呼んでいます。執行裁判所となるのは、原則として地方裁判所または地方裁判所に所属する執行官です。具体的にど

この地方裁判所または執行官に申立てをするかは、強制執行の対象となる財産により異なります。債権者は債権の回収を図るため、不動産執行・動産執行・債権執行のどの申立てをしてもかまいません。

● 強制執行に必要な書類は３つある

　強制執行が執行機関によって開始されるには、原則として、①債務名義、②執行文、③送達証明という３つの書類が必要です。債権が存在することを公に証明する文書である債務名義と、現在当該債権について執行可能であることを公に証明する執行文は、いわば執行手続における要になる文書ですので、特に重要といえます。

　債務名義・執行文などは聞き慣れない言葉ですが、強制執行を行う上で非常に重要な法律概念です。これらはそれぞれ独立の意義をもっています。以下、個別に見ておきましょう。

■ 債務名義になるもの …………………………………………………

債務名義になるもの	備　　　考
判決 ……………………	確定しているもの(確定判決)でなければならない 執行申立てに、執行文、送達証明書、確定証明書が必要
仮執行宣言付きの判決 …	確定していないが一応執行してよいもの 執行申立てに、執行文、送達証明書が必要
支払督促＋仮執行宣言 …	仮執行宣言を申し立てる 執行申立てに、送達証明書が必要
執行証書 ………………	金銭等の支払請求権のみ強制執行が可能 執行申立てに、執行文、送達証明書が必要
仲裁判断＋執行決定 ……	執行決定を求めれば執行できる 事案によって、執行文、送達証明書、確定証明書の要否が異なる
和解調書 ………………	「○○円払う」といった内容について執行可能 執行申立てに、執行文、送達証明書が必要
認諾調書 ………………	請求の認諾についての調書 執行申立てに、執行文、送達証明書が必要
調停調書 ………………	「○○円払う」といった内容について執行可能 執行申立てに、執行文、送達証明書が必要

※一部の家事事件についての調停証書や和解調書については、執行文は不要

第3章　債権保全・執行手続　**83**

● 債務名義について

債務名義とは、強制執行を根拠づけて正当化する文書、つまり強制執行を認める文書のことです。当事者間で債権債務という法律関係の有無について争いがあって、一定の慎重な手続に従って紛争に終止符が打たれ、債権債務関係が明確になった場合に、その結果は文書という形で残されます。

それでも、債務者が債務を履行しない場合には、その文書の内容に即して、債権者は国家権力（裁判所）の助力を得て、債権を回収することができるのです。

債務名義には、実現されるべき給付請求権の内容、当事者、執行対象財産、責任の限度までが表示されます。

債務名義になる文書には、確定判決、仮執行宣言付判決、仮執行宣言付支払督促（60ページ）、執行証書（公正証書）、和解調書などがあります。これらのほとんどは訴訟手続によって取得する必要がありますが、執行証書だけは公証役場（54ページ）で作成できます。

つまり、債務名義は大きく分けて２つの種類に分けられます。１つは作成過程で裁判所がかかわっている場合、もう１つは裁判所がかかわっていない場合です。裁判所がかかわっている債務名義の代表例として挙げられるのが、訴訟における確定判決ということです。

● 執行文について

執行文とは、債務名義の執行力が現存することを公に証明する文書であると考えておいてよいでしょう。つまり、その時点で執行することを、公に証明している文書ということです。

債務名義があると強制執行を申し立てることができますが、それだけで強制執行ができるのかというと、そうではありません。

確定判決を取得した後や、執行証書が作成された後に、債権債務をめぐる状況が変化していないとは限りません。たとえば、債務者が死

亡してしまい、相続人が債務のことを知らずに相続をしているケースがありえます。また、会社が合併して別の法人となった場合に、債務者の名称の異なる債務名義そのままで強制執行をすると、問題が生じてしまいます。

このような問題を避けるために、債務名義のまま強制執行する効力があることを確認する手続きが用意されています。これを執行文の付与といいます。強制執行を申し立てた時点で、債務名義に執行力があることをチェックしてもらい、それを証明する文をつけてもらうのです。

執行文の付与は執行力を証明することなので、証明することができる資料を保有している機関が行います。判決や調書といった裁判所が関与する債務名義については、その事件の記録が存在している裁判所の裁判所書記官が行います。執行証書については、その原本を保管している公証人が行うことになります。

● 送達証明について

強制執行手続は、債権者の申立に基づいて行われます。執行機関が手続きを開始するためには、債務者に債務名義を送達しておかなければなりません。そして、送達という手続きを踏んだことを証明してはじめて強制執行を開始することができるのです。送達を証明する書類のことを**送達証明**（送達証明書）といいます。

送達（証明）が要求される理由は、債務者にどのような債務名義で執行手続が開始されるのかを知らせ、債務者に防御（反論）の機会を与える必要があるからです。つまり、債権者・債務者双方の言い分を聞いて、強制執行の手続きを行うのが適切であると法律は考えているのです。

なお、送達証明は、裁判所書記官や公証人に申請して発行してもらいます。

第3章 債権保全・執行手続　85

相 談　強制執行の対象に第三者の所有物があった場合

Case　私が金銭を貸しているＡは弁済期が到来しても借金を返そうとしないので、申立てを経て強制執行を行うことになりました。Ａは骨董品の収集家らしく、倉庫に多数の骨董品が保管されているので、骨董品を差し押さえようと考えています。ただ、骨董品の中には、Ａ以外の者が所有している骨董品もあるようです。私は、このまま問題なく強制執行手続きを進められるのでしょうか。

回 答　強制執行は、債務を履行しない債務者の財産を強制的に現金に変えて、債権者の債権回収を図るための手続です。債権の回収を図るのですから、強制執行の対象となるのは債務者の所有する財産ということになります。一応、強制執行の対象となる財産かどうかは、不動産であれば登記、動産であれば占有を基準とします。つまり、Ａが占有している骨董品であれば、競売できるようにも思えます。

　ただ、現代の経済社会では、財産関係は複雑に入り組んでいます。そこで、強制執行の対象となった財産の中に第三者のものがある場合に、その第三者から異議を申し立てる手続が用意されています。それが「第三者異議の訴え」です。

　第三者異議の訴えは、その強制執行自体を問題とするのではなく、強制執行の対象となった不動産・動産・債権の中に、第三者所有の不動産・動産や、第三者が債権者である債権があることを、個別に問題とするものです。不動産や債権であれば差押えの決定をした地方裁判所、動産であれば差押えをした執行官の所属する地方裁判所に申し立てます。

　なお、第三者異議の訴えを提起しただけでは、執行は停止しませんが「執行停止の申立て」が行われると強制執行は一時的に停止することになります。

3 財産開示手続について知っておこう

債務者の財産隠しを防ぐことができる

● 財産開示手続とは何か

　強制執行をしようにも、相手がどのような財産を持っているのかを知らなければ、何に対して強制執行をしてよいのかわかりません。そこで、強制執行の手続が可能となるように、債務者所有の財産を開示させる制度が財産開示手続です。財産開示の申立先は、原則として債務者の住所地を管轄する地方裁判所です。

　しかし、過去３年以内に財産開示手続が実施されている債務者である場合には、財産開示手続ができません。ただし、債務者が一部の財産を開示していなかった、新しい財産を取得した、債務者と使用者との雇用関係が終了した、といった事情がある場合には、例外的に財産開示手続が実施されます。

　申立てにあたっては、財産開示手続申立書を提出します。申立書には、どのような理由で申し立てるのか、申立て期間の制限に違反していないか、などを記載します。該当箇所の「□欄」にチェックを入れるだけなので、簡単にできます。また、財産開示手続申立書とともに提出する添付書類と証拠書類を記載します。この記載も「□欄」にチェックを入れ、通数を記載します。

　申立てを受けた裁判所は、財産開示手続開始を決定し、債務者を呼び出します。呼び出しを受けた債務者は、事前に財産目録を作成・提出した上で、期日に裁判所に出頭します。出頭した債務者は、自分の財産について陳述し、これに対して債権者は裁判所の許可を得て質問をすることができます。

　財産開示の申立ては、財産開示手続申立書に、申立てができる債権

者であることや、申立ての理由、証拠などを記載して提出します。申立てを受けた裁判所は、財産開示手続開始を決定し、債務者を呼び出します。呼び出しを受けた債務者は、事前に財産目録を作成・提出した上で、期日に裁判所に出頭します。出頭した債務者は自分の財産について陳述し、これに対して債権者は質問ができます。もし債務者が出頭を拒んだりしたら、30万円以下の過料に処せられます。

　財産開示手続は、土壇場での債務者による財産隠しを防いで、債権回収を実効的なものにすることを目的としています。ただ、債務者が開示しなければならない財産は、財産開示期日を基準とした債務者の財産です。そのため、直前になって債務者が誰かに財産を売却してしまっても、それについては開示の対象とはなりません。そのため、裁判所まかせではなく、事前に債権者自身で調査して、できる限り債務者の財産を把握しておくべきでしょう。

　また、この制度は債務者のプライバシーを開示するものでもあります。そのため、財産開示手続によって開示された債務者の財産に関する情報を、それ以外の目的で第三者に漏らすことは許されません。これに違反すると、債権者の方が30万円以下の過料に処せられることになるので、十分な注意が必要です。

■ **財産開示手続の流れ**

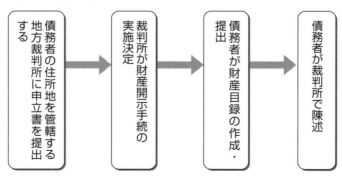

債務者の住所地を管轄する地方裁判所に申立書を提出する → 裁判所が財産開示手続の実施決定 → 債務者が財産目録の作成・提出 → 債務者が裁判所で陳述

4 強制競売について知っておこう

他に担保権者がいると優先されてしまう

● 不動産執行の順序について

　不動産はその財産的価値が非常に高く、しかも、利害関係人が多数存在している可能性があります。そのため、不動産を対象とする強制執行（**強制競売**）では、慎重を期した手続きが予定されています。不動産執行の長所は債権回収の確実性が高いということです。債権回収の確実性が高いということは、以下の２点から裏づけることができます。１つは、財産的価値が高いことです。つまり、競売して現金に換えたときにそれだけ多額の現金に換価され、債権をできるだけ多く回収できる確率が高くなります。もう１つは、不動産は大地震や水没でもない限り、所在に変動はなく、法務局（登記所）に行けば、その不動産の物理的状態から権利関係に至るまで、誰でも調査することができるため、債権回収に便利なことです。

　強制競売は、債権者が不動産を管轄の裁判所に対して、申立てをすることから始まります。申立ては、申立書を提出して行います。裁判所は申立書を審査して、問題がなければ競売開始決定をします。開始決定の正本は債務者に送達されるので、それによって債務者は手続きが始まったことを知ることができます。

　競売開始決定がなされると、対象となっている不動産には「差押え」が行われます。不動産をめぐる法律関係が変動すると手続きが円滑に進められず、債務者が債権者の先手を打って不動産を売却して現金化してしまうおそれがあります。そこで、差押えを行って、その不動産に関する処分を一切禁止するのです。このように現状を凍結しておいてから競売手続に入っていくわけです。具体的には、裁判所から

第３章　債権保全・執行手続　89

法務局（登記所）に対して、差押登記が嘱託されます。

◉ 調査をする

　不動産の現状が凍結されると、裁判所は競売に必要な情報の収集を始めます。つまり、その不動産をめぐってどのような債権が存在するのか、不動産自体にどれだけの価値があるのか、などの情報を集めます。裁判所は、登記されている抵当権者や仮登記権利者などに対して、期間内に債権の届出をするように催告します。届出によって、申立人の債権以外に、どれだけの債務を不動産の所有者（債務者）が負担しているのが判明します。さらに、裁判所は、執行官に対して現況調査命令を発し、不動産の占有状態などを調査させ、評価人に対して評価命令を発し、不動産の評価額を鑑定させます。この結果、現況調査報告書と評価書が作成され、裁判所に提出されます。

◉ 競売をして配当する

　裁判所は提出された現況調査報告書と評価書をもとに、不動産の売却基準価額を決定します。そして、売却期日（期間）も決定し、それらの情報を物件明細書として、誰もが閲覧できる状態にします。これを閲覧して競売に参加することができるのです。競売の方法としては、競り売り方式と入札方式がありますが、現在では、ほとんどが期間内での入札方式（期間入札）が採用されています。買受人（競落人）が決定し、代金が納付されると、所有権登記も移転します。

　不動産の代金が納付されると、いよいよ配当段階に入ります。裁判所は配当期日を指定し、申立人や届け出た債権者に対して、配当期日に配当を行うことを通知します。納付された不動産の代金ですべての債権を満たすことができない場合、それぞれの債権者に対する配当額は、担保権の優先順位や債権額に応じて決定されます。

■ **競売手続の流れ**

強制管理による執行という手段もある
申立書は保全執行裁判所に提出する

● 強制管理の申立てをする

　強制管理とは、債務者が受け取っている収益（賃料など）をとり上げる手続のことをいいます。強制管理は、強制管理申立書を提出することによって申し立てることができます。提出先は、保全執行裁判所です。ここでいう保全執行裁判所とは、不動産所在地を管轄する地方裁判所のことをいいます。

　たとえば、債権者が東京に住んでいて、対象となる不動産が沖縄にある場合、債権者は沖縄の地方裁判所に申し立てなければならないということです。ただし、申立書の提出は郵送でもかまわないとされていることから、手続上それほど煩わしいことはないでしょう。

● 執行手続について

　強制管理は、次の①〜④の流れで手続が進んでいきます。

① **申立書の提出**

　債権者が強制管理申立書を保全執行裁判所に提出します。

② **強制管理の決定**

　裁判所が「強制管理を認めますよ」という決定をします。さらに、債務者に対して収益の処分を禁止します。

③ **書面の送達**

　収益給付の義務を負う第三者（賃借人など）がいるときには、その第三者が収益を管理人に給付するように、債務者と第三者に「強制管理開始決定」という書面を送達して知らせます。

④ **仮差押の登記**

裁判所書記官が登記所に対して仮差押の登記嘱託をします。

強制管理も不動産に対する強制執行の1つの方法ですから、不動産の管理権を確保するために、仮差押（77ページ）の登記をする必要があるからです。

● 裁判所が管理人を選任する

管理人というのは、不動産から生じる収益（賃料など）を管理する者で、その多くは弁護士、執行官です。ただし、法律上、銀行やその他の法人も管理人になることができる、とされています。保全執行裁判所が、強制管理開始決定と同時に管理人を選任すると、その旨が書面にも記載されることになります。

● 強制管理の配当手続

強制管理によって不動産を管理し、収益を得た場合、配当を行うことになります。配当手続は保全執行裁判所が定める期間ごとに行われます。強制管理の申立てをした者や担保不動産収益執行の申立てをした者、執行力のある債務名義の正本をもつ者などが配当を受けることができます。

■ 強制管理のしくみ

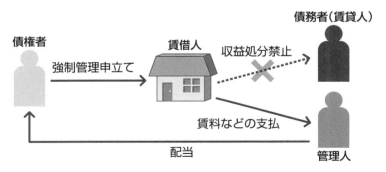

6 担保にとっている不動産を競売する

裁判所に担保不動産競売申請書を提出するところから始まる

● 担保権の実行による競売とは

　担保権の実行による競売とは、債務者の不動産に設定してある抵当権などを競売し、その売却代金から債権者が配当を得ることをいいます。強制執行に基づく競売でも、担保権の実行による競売でも、競売手続の中心は不動産競売です。不動産は価値が高く競売を実施すれば、ほとんどの場合に売却代金を得られ、債権者に配当することができるからです。

　担保権の実行による競売の手続きの流れは、前述した債務名義に基づく不動産の強制競売（89ページ）とほぼ同じです。まず、担保権者が裁判所に対して担保不動産競売申立書を提出します。それを受けて、裁判所は競売開始決定をするのと同時に、不動産について差押えの登記がなされます。その後、実際に競売が実施され、競落人が確定します。そして、競落人が売却代金を支払うと、債権者への配当がなされ、債権の回収が図られることになります。

● 強制執行と担保権の実行の違い

　強制執行も担保権の実行も、民事執行法という法律の中で規定されています。また、金銭の支払いを目的とする限りでは、双方の制度は共通している部分はあります。しかし、以下の点で違いがあります。

　まず、国家の力によって強制的に債権を実現するといっても、強制執行の場合は、債務名義という文書が前提となっています。債務名義というのは、債権が実在し、債務者が履行しない場合には、それを強制的に実現してもかまわないということを明確にしたものです。

一方、担保権の実行の前提となっているのは担保権の設定であり、原則として当事者間での担保権設定契約が存在しています。もっともポピュラーなものは抵当権・根抵当権といったところです。つまり、確定判決などの債務名義が前提とはなっていないのです。
　また、両者は手続の複雑さも異なります。強制執行を申し立てるには、原則として債務名義・送達証明・執行文といった書類が必要となりますから、手続は簡単とはいえません。
　これに対し、担保権の実行では担保権の存在を証明する法定文書があれば、手続を開始することができます。担保権が登記されている登記事項証明書もこの法定文書となりますので、担保権が登記されているのであれば、登記事項証明書の提出で足りることになります。

◉ 担保権を実行するための要件

　担保権を実行するための要件として、以下のものが挙げられます。
① 　担保権が有効に存在すること
　当然のことですが、担保権の実行による競売を申し立てるには、担保権が有効に存在していることが必要です。

■ 担保権の実行要件

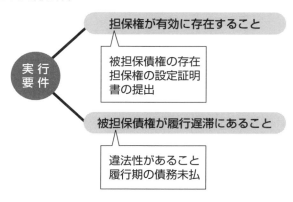

第3章　債権保全・執行手続　95

まず、担保権は債権を担保するためにこそ存在する権利なので、前提として、被担保債権が存在していることが必要不可欠です。当初から、債権が存在しないのに、抵当権設定契約が結ばれていたとしても、その抵当権は無効です。

　また、いったん債権が成立しても、その後に弁済されたため、債権が消滅した場合には抵当権も消滅します（抵当権の付従性）。このように被担保債権が存在していないのに、担保権の実行が申し立てられると、債務者（不動産の所有者）から異議が申し立てられて、競売開始決定が取り消されてしまうことになります。

　また、被担保債権が有効に存在していても、抵当権自体が有効に成立していなければ実行は許されません。抵当権設定契約が強迫などによって締結されていた場合には、設定契約は取り消されます。

②　被担保債権の履行遅滞

　①の担保権が存在することの前提として、被担保債権が有効に存在していることを述べました。ただ、被担保債権については、有効に存在していればよいものではなく、債務者が履行遅滞（履行期に債務を支払わないこと）に陥っていることが必要です。単に債務者が期限を守らないだけではなく、それが違法である場合（留置権や同時履行の抗弁権を主張できない場合、15ページ）に履行遅滞となります。

　また、債務が分割払いの形式をとっている場合、期限の利益喪失約款が問題となります。期限の利益喪失約款とは、債務者が分割払いを1回でも怠ると、残金全額について弁済の期限が到来するという規約です。分割払いの形式をとっている契約では、期限の利益喪失約款を採用しているケースが非常に多いようです。債務者に全額支払義務が生じるには、債権者によるその旨の意思表示が必要とされている場合と、意思表示がなくても自動的に生じる場合があります。期限の利益喪失により債務者が履行遅滞に陥っている場合には、その旨も申立書に記載して明確にしなければなりません。

7 任意売却について知っておこう

競売よりも高く売れることもある

● 任意売却とは

　債務者が、債務を支払えなくなった場合、一般には、住宅に抵当権を設定している銀行や保証会社などの債権者（担保権者）が、裁判所に競売を申し立てて、抵当権を実行して、回収します。

　一方、**任意売却**というのは、住宅の所有者（債務者）と債権者が協調して、裁判所の関与なしに住宅を売却することをいいます。任意売却といっても、特別な方法で売却をするわけではありません。買受人を見つけ、売買契約を締結するだけです。通常の不動産売買と基本的には変わりません。

　任意売却は、競売によって不動産を売却するよりも、多くのメリットがあると言われています。

　たとえば、債務者が債権者のために、1500万円の住宅に抵当権を設定して、1000万円を借り受けたとします。このときに、債務者が借金を返すことができなくなって、債権者が競売の申立てを行っても、1500万円の住宅は、競売市場では3割減の1000万円弱の価額が設定されるのが一般的です。しかも、売れるかどうかわからない上に、手続も煩雑で時間がかかるとなると、債権者としてはすぐにでも売り飛ばして換金したいと思うはずです。住宅を買い受ける買受人にしても、面倒で時間がかかる競売手続を省略して、物件を手に入れることができるならば、その方法を選択するはずです。

　また、債務者にとっても競売より高額で売却されれば、債務の返済が楽になるというメリットがあります。

　上記の問題を満たすのが「任意売却」です。つまり、債権者、債務

者、買受人の誰もが基本的に得をする制度といえます。

　ただ、注意したいのは、ケースによっては、任意売却よりも競売の方がよい場合があることです。単純に任意売却が競売よりも得だとはいえないこともあるのです。

◉ 競売申立費用がかからない

　債権回収方法のひとつである任意売却のメリットを理解する前提として、競売（強制競売を含む）のデメリットを説明します。

　まず、競売のデメリットとして挙げられるのが、競売申立費用の負担です。競売を申し立てるには、登録免許税（申立時）や予納金（さらに、追加料金が加算される場合あり）、郵便切手代、申立印紙代を納める必要があります。しかし、任意売却の場合は、申立時に裁判所を利用しませんので、これらの費用は当然負担しないですみます。

◉ 競売手続より迅速に債権回収が可能

　次に、競売のデメリットとしては、時間と手間がかかるということが挙げられます。競売では、申立後、裁判所が不動産の調査をしますが、その手続きだけでも最低3か月はかかります。

　また、競売では、債権者に対する配当要求の手続きや入札手続が設定されることもあります。ですから、裁判所がどれほど手続の迅速化を図っても、申立てから買受人の落札が決まるまで、半年近くはかかってしまうのです。

　しかし、任意売却の方法であれば、前述したような手続きを考慮する必要がないので、その分手続の迅速化を図ることが可能になります。仮に、任意売却の手続の中で時間や手間がかかる場合があるとすれば、各債権者との利害調整や買受人探しに難航した場合でしょう。ただ、これらの事情は債権者および債務者の腕しだいでどうにでもなるものと考えてよいでしょう。

● **競売では回収額がかなり低くなる場合がある**

　競売では、1回目の入札で落札者がいなくても、通常は3回まで申立てがなされます。3回目で落札者が現れないと、以後は競売の申立てが取り消されてしまう場合があります。最初の入札の申立ての段階では、競売不動産の売却基準価額（売り出し価額）は、一般的に実勢（市場）価格の約3割減の価額が裁判所によって設定されます。

　たとえば、実勢価格3000万円の不動産は、約2100万円で売り出されます。入札がなかった場合は「特別売却」となります。特別売却とは、入札期間中に不動産を買い受ける者が現れなかった場合に、入札期間経過後に、裁判所が先着順で不動産を販売する方法のことです。

　特別売却でも買付けの申出がなかった物件は、価額を下げて（1回目の価額から約3割減が多い）、再度入札に付されます。上記の例では2回目は約1470万円でたたき売りされますが、この価額で落札されても満足な債権回収を図ることができないのは明らかです。

　しかし、任意売却であれば、そこまで価額を落とさなくても買受人を探すことは可能でしょう。もちろん、そのような事情は物件にもよ

■ **任意売却の条件**

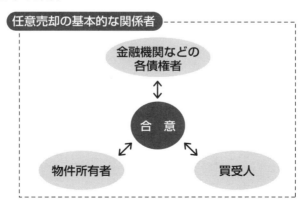

るので、一概に言えることではありません。

ただ、競売を申し立てても売れるかどうかわからない上に、価額を大幅に落とされてしまう可能性がある競売のデメリットは、任意売却によって回避できるといえます。

◉ 買受人にもメリットがある

競売によって買い受ける場合でも、買い受ける不動産に抵当権を設定することができるので、第三者（親戚などを除く）である買受人は、銀行から融資（住宅ローン）を受けることができます。ただ、実際には、融資を受ける買受人が、その時点では、競売で落札をすることができるのかどうかが不確実であるため、銀行が融資を認める可能性が低いのが現実です。

一方、任意売却は通常の不動産の売買なので、銀行からの融資が認められる可能性は高いといえます。そのため、幅広く買受人を集めることができ、売却の可能性が高まります。

◉ 利害関係人との調整を図る

任意売却の登場人物は、基本的に債権者、債務者、買受人ですが、他に複数の債権者がいる場合があります。たとえば、住宅に2番、3番の抵当権者がいたり、債務者が税金を滞納して国などの差押えがなされていたりすることは珍しくありません。

このような場合には、後順位の担保権者に担保解除料を支払ったり、国や地方自治体などに差押えを解除してもらう旨の交渉をする必要が出てきます。ただし、それらの権利がついたまま買い受けてもかまわないという買受人がいれば話は別です。そのような買受人ばかりなら金融機関も苦労しないですむのですが、通常は、付着している権利をすべて抹消しないと、任意売却は成功しないと考えておいてください。

100

◉ 任意売却を債務者が提案してくることもある

　任意売却は、一般的には債権者が提案する場合が多いといえますが、最近では債務者が債権者に提案してくるケースもあります。どちらの場合にも、相手方の同意が必要になります。

　本来は担保を維持したまま、債務者から全額を返済してもらうのが債権者にとって一番望ましい姿です。そのため、全額を返済してもらえる保証がないのに担保が消える任意売却に、債権者として簡単には同意できないでしょう。しかし、債務者が慢性的に支払いを遅延する状況では仕方がないので、やむを得ず任意売却を検討します。債権者からすれば、競売よりも任意売却を検討した方がよいでしょう。

　一方、債務者としては、破産する可能性が高ければ、競売の方が自宅に長く住むことができるので競売を選び、破産をする可能性がなければ、高く売却できる任意売却を選ぶのが一般的です。

◉ 任意売却や競売を利用して住宅に住み続ける方法とは

　債務者は愛着のある自宅に住みつづけたいと思うものです。そこで、債務者としては、任意売却で親戚や知人などに自宅を買ってもらい、その後、自分が親戚などから自宅を借り受けることを勧めてみるのも

■ 任意売却手続の流れ

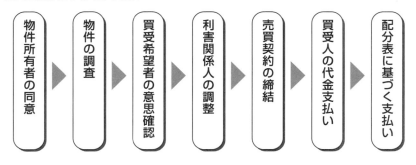

物件所有者の同意 ▶ 物件の調査 ▶ 買受希望者の意思確認 ▶ 利害関係人の調整 ▶ 売買契約の締結 ▶ 買受人の代金支払い ▶ 配分表に基づく支払い

よいでしょう。つまり、自宅を売り払う代わりに、新しい所有者（親戚など）に賃料を支払うことで、これまで通り住み続けることができるようになります。ただし、ほとんどの銀行では親族間による住宅の売買では住宅ローンを認めていないため、親族が新たな所有者となる場合は、一括で支払うだけの金銭的余裕が必要となります。

　一般的に、任意売却の方が競売をするより利益が得られるので、債権者も納得する可能性が高いのですが、中には債務者が提示した売却金額では納得しない債権者もいます。その場合は、債権者が競売の申立てをするのを待ち、競売が申立てられた場合に、親戚などに入札してもらう方法をとることもできます。つまり親戚などに競売で落札してもらうのです。

　ただし、競売の場合は、任意売却とは異なり、必ず手に入れられるという保証はありません。競売で他の買受人が親戚よりも高額の買受額を提示すれば、その者に自宅を取られることになります。

　なお、親戚に競売で落札してもらった後は、任意売却の場合と同じように、親戚と賃貸借契約を結んで、自宅を借り受けることになります。

● 売買契約書の調印

　買受希望者の意思確認、利害関係人の調整が終わったら、債務者と買受希望者との間で売買契約書にサインします。なお、債権者としては、売買代金を債務者ではなく、直接債権者に支払うとする条項を契約に盛り込むようにするのがよいでしょう。

　契約書へのサインがすんだら、契約に基づいて買受人が債権者に代金を支払い、後日、利害関係人らに配分表に基づいた支払いをすることになります。

相談 任意売却をした際に債権者が気をつけること

Case 融資をしていた債務者からの返済が滞ったため、債務者と話し合いをしました。その結果、融資の際に債務者の不動産につけた抵当権を実行するのではなく、任意売却で処分することで合意しました。ただ、任意売却でも債権を全額回収できないのではないかと不安です。任意売却を行う際には、どのようなことに気をつければよいのでしょうか。

回答 貸金債務の支払いが滞った場合、担保にとっている不動産があれば、債権者は、その不動産を競売にかけることができます。ただ、競売は費用や時間がかかることもあり、落札によって得られる配当額も一般には低いので敬遠されます。

そのため、競売を敬遠したい債権者が、債務者に任意売却を求めるという方法もとられます。このとき、債権者側は、自ら不動産業者を指定し、売却の依頼をするとよいでしょう。

不動産の任意売却は担保の消滅を伴うのが通常なので、任意売却をしても債権の全額の回収ができなかったような場合は、残債権は無担保として残ってしまいます。債務者がこれを支払おうとしない場合、債権者は債権の回収が難しくなります。その際に、債権者が債務者から強制的に債権を回収する方法は、債務者の財産に対する強制執行しかありません。

しかし、強制執行には一般的に時間と費用がかかり、強制執行の前に債務者が自分の財産を処分してしまう可能性もあります。

そこで、債権者は、債務者に対して残債権については執行証書と呼ばれる公正証書の作成を求めるとよいでしょう。この公正証書があれば、債務者からの支払いが滞った場合、訴訟を経ずに直ちに債務者の財産に強制執行をかけることができます。

第3章 債権保全・執行手続 103

8 担保不動産収益執行について知っておこう

うまく利用すれば効果的に債権の回収ができる

◉ 担保不動産収益執行とは

　不動産に抵当権を設定されている債権者の債権回収手段は、競売を申し立ててその代金から配当を受けるのが典型的です。

　確かに、不動産が競売の対象となるときは、1回で相当な金額が回収できるので、実効性は高いといえます。

　ただ、抵当権設定当時よりも不動産価格が値下がりしているケースもあります。立地条件によっては、その不動産を賃貸し、その収益を債権の回収にあてた方が効率的なケースもあります。

　特に、一等地のオフィスビルや繁華街の商業ビルの場合には、継続した賃料収入はかなりの財産的価値があります。そこで、担保不動産収益執行という債権回収方法が認められています。これは、債務名義を有する債権者の申立てによって、担保となっている不動産を維持管理しつつ、そこから得られる収益（賃料収入など）を債権の弁済にあてていくという制度です。

　実際には、競売の申立てと同時に**担保不動産収益執行**の申立てもして、競売代金の配当までの間にそこから上がる収益を充当していくという運用がなされています。

　上手に利用すれば、単に強制競売をする場合よりも、効果的に債権の回収ができるでしょう。

◉ 担保不動産収益執行のための手続きは

　担保不動産収益執行のための手続は、競売申立てと似ている面もあります。その概要は以下の通りです。

① 申立先

担保権が設定されている不動産の所在地を管轄する地方裁判所に申し立てます。

② 費用

申立てに必要な費用は裁判所によって多少異なりますから、事前に管轄の裁判所に問い合わせておくとよいでしょう。申立手数料自体は、担保権1つあたり4000円です。この他に、予納郵券（切手）、予納金が必要になり、不足すると後から請求されます。また、差押登記をするための登録免許税も必要になります。

③ 必要書類

申立ては競売の場合と同様に、書面によって行います。

申立書の他に、各種目録・添付書類を添えて申立てをします。不動産の賃借人も関係してくるので、その氏名（会社名・代表者名）・住所（主たる事務所の所在地）・賃料額などを記載した「給付義務者・給付債権の内容目録」を提出する必要があります。

■ 担保不動産収益執行のしくみ

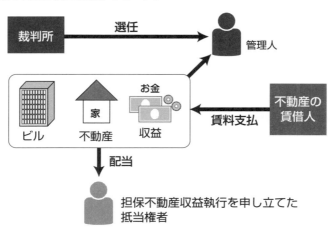

また、競売申立ての際に提出する図面などの提出を求められることがあります。

● 留意しておくべきこと

担保不動産収益執行を行う場合には、競売手続や他の抵当権者との関係などにも留意しておくことが不可欠です。ここでは留意点をいくつか挙げておきます。

① 競売手続との関係

収益執行は、担保権が存続している限り継続して機能します。しかし、競売が行われて配当も終了し、担保権が消滅すると、収益執行手続も終了する運命にあります。

もちろん、収益執行によってある程度債権の回収が達成された後に、自分自身で競売を申し立てて、一気に決着をつけることもできます。

② 他の抵当権者との関係

他の抵当権者にも当然のことながら、収益執行の申立ては認められています。ただ、他の抵当権者が収益執行を申し立てたからといって、当然にそれ以外の抵当権者にも収益執行による配当がなされるわけではありません。配当を受けるためには、自分自身で収益執行の申立てをする必要があるので注意しましょう。

また、他の抵当権者が競売を申し立てた場合には、①で述べた点に留意しておいてください。

③ 物上代位との関係

抵当権者には、賃借人の賃料を差し押さえて被担保債権に充当する方法が、民法で認められています。これを物上代位といいます。収益執行との違いは、物上代位を行使するためには、1つの不動産（アパートなど）に居住する賃借人の賃料であっても、個別に差し押さえる必要がある点です。物上代位と収益執行が競合した場合には、収益執行が優先することになっています。

9 動産執行・動産競売について知っておこう

競売できるものは限られている

● 動産の強制執行とは

動産執行とは、債務者の所有する動産を差し押さえて、それを競売にかけ、その売却代金から配当を受け、債権の回収を図るという強制執行の手続きです。不動産は所有権の他にもさまざまな権利義務の対象となっており、財産価値も高いので、競売にあたっては慎重さが強く要請されます。それに対して、動産の場合は取扱いもしやすいため、競売の手続きは、不動産執行と比べると簡易なものになっています。

もっとも、動産は読んで字のごとく動く財産なので、それに対する競売はやりにくい面もあります。不動産のように登記されるわけではないので、権利関係がはっきりしないケースもありますし、競売できるのかどうかがわかりづらいこともあります。

動産執行の対象となる動産は、主に不動産（土地およびその定着物）以外の物、つまり民法が定める動産や、裏書禁止されていない有価証券です。たとえば、時計や宝石などの高級品や、手形や小切手などの有価証券が動産執行の対象となります。なお、平成29年の民法改正によって、無記名債権（商品券など証券に債権者名が無記載のもの）を動産とみなす民法の規定が削除されましたが、今後も、無記名債権は有価証券として動産執行の対象となると考えられます。

一方、執行できない動産もあります。債務者とその家族が当面生活していけるだけのものは残さなければなりません。民事執行法では、2か月間の必要生計費として66万円までの金銭は執行禁止としています。また、生活に必要な1か月間の食料および燃料についても執行の対象にはできないと定めています。

第3章 債権保全・執行手続 107

● 競売を行うのも執行官の仕事

　動産執行も不動産執行と同様に、債権者の競売申立てによって始まります。申立書や添付書類などの書面を提出する点も同じです。ただし、不動産の場合と明らかに異なる点としては、執行機関が裁判所ではなく「執行官」ということです。執行官は、裁判所にいるのですが、自ら債務者の下に行き、動産を差し押さえます。そして、競売を行うのも執行官の仕事です。

　執行官により動産の差押えがなされ、競売がなされると、その売却代金から配当がなされます。

● 執行官に申し立てる

　動産に対する強制執行は、動産の所在地を管轄する地方裁判所に所属する執行官に申し立てます。

　執行する場所は、債務者の自宅、倉庫、店舗などと特定する必要がありますが、その場所にあるどの動産に対して執行するかまでを特定する必要はありません。申立手続は、次のように進んでいきます。

① 　差押え

　あらかじめ打ち合わせておいた日に、執行官が執行場所へ出向き、請求金額に達するまで、そこにある動産を差し押さえていきます。具体的に何を差し押さえるのかは、その場で執行官が決めます。

② 　換価（売却）

　売却の方法には、競り売り、入札、特別売却、委託売却がありますが、動産執行について入札による方法はほとんど行われていません。動産の売却には、不動産の強制競売のように売却基準価額という制度はありませんが、株式などの取引所の相場のある有価証券は、その日の相場以上の価額で、貴金属またはその加工品は、地金としての価額以上の価額でそれぞれ売却しなければなりません。各動産ごとに個別に売却するのが原則ですが、数個の動産を一括して売却することもで

きます。債務者自身は買受人にはなれません。

競り売りは、いわゆるオークションによる方法で、執行官が買受申出額を競り上げていき、最高買受価額を申し出た人が買受人になります。

③ 配当

売却された動産の代金は、執行官が債権者に交付しますが、債権者が複数の場合には、各債権者の債権額に比例して配当されます。

● 手数料と費用について

動産執行の申立てにあたっては、執行官の手数料と強制執行に必要な費用をあらかじめ納付しなければなりません。手数料と費用は、債権額を基準にして算出されます。

強制執行申立書を執行官室の窓口に提出すると、納付すべき金額を示した保管金納付書を交付してもらえます。この納付書と現金を裁判所の会計または裁判所内の銀行（東京地裁の場合）に提出することで納付できます。

■ 動産執行のしくみ

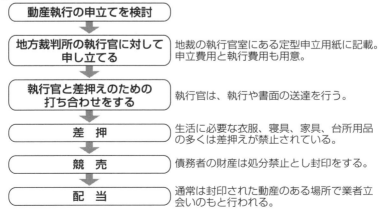

10 債権執行について知っておこう

他の債権者と競合することもあるので注意すべき

● 債権執行とは

　債権執行とは、債務者が第三者に対してもつ債権を差し押さえて、債権者がそれを直接取り立てることで、債権の回収を図る手続です。債務者のもつ債権の中には、売掛債権などかなり資産価値の高いものが含まれる場合もあるので、有効な債権回収手段となり得ます。

　債権とは特定の人が特定の人に対してもっている請求権であり、物の引渡請求権なども含まれます。ただ、債権回収のための手段なので、債権執行の対象は金銭債権に限定されます。

　債権に対する強制執行の大まかな流れは「申立て→差押命令→債務者や第三債務者への送達→取立て（供託）→配当（交付）」です。この流れに沿って、債権執行の手続きについて述べていきます。

① **執行裁判所**

　債権執行を行う執行機関は、地方裁判所です。どの地方裁判所になるかは、債務者が個人であれば、その住所地を管轄する地方裁判所が執行裁判所となります。債務者が会社などの法人であれば、主たる事務所の所在を管轄する地方裁判所が執行裁判所となります。

② **申立て**

　執行裁判所が確認できたら、いよいよ債権執行の申立てを始めます。申立ては書面主義を採用しており、申立書を作成して提出します。

　申立てが受理されると、事件に対して事件番号がつけられます。この事件番号は、以後、裁判所への問い合わせや、手続きの際に必要なものなので、必ず控えておいて忘れないようにしましょう。

③ **債権差押命令**

申立書が適法なものとして受理されると、執行裁判所は債権差押命令を発します。まず、第三債務者（差し押さえた債権の債務者）に対して債権差押命令を発します。陳述催告の申立てがなされている場合には、一緒に陳述の催告書も送達します。その後、債務者に対して債権差押命令が送達されることになります。債務者への送達が後に行われるのは、債権執行の申立てを察知した債務者が先回りして、第三債務者から弁済を受けてしまうことを避けるためです。

④　**債権者による取立て**

債権差押命令が発せられ、債務者や第三債務者に送達されると、執行裁判所から差押債権者に対して送達月日が通知されます。債権差押命令が債務者に送達されてから1週間経過すれば、差押債権者は第三債務者から債権の取立てができます。この通知があれば、なるべく早く第三債務者のところへ行くようにしましょう。

◉ 転付命令とは

債権の差押えと似て非なるものに、転付命令というものがあります。実務上よく使用される債権回収の手段です。

債権の差押えは、差押債権者が債務者に代わって第三債務者から債

■ **債権執行のしくみ**

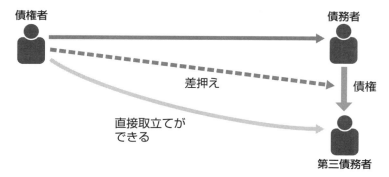

権を取り立てるものです。取り立てて自分の債権に充当することが認められているだけで、債権それ自体を取得するものではありません。

これに対して、**転付命令**は、裁判所に申し立てて命令を発してもらう点では債権差押命令と同じですが、債権がそのまま差押債権者に移転する点で、債権差押命令と異なります。転付命令が効力を生じるのは、それが確定したときです。転付命令は、命令が出されてから1週間以内に不服申立て（執行抗告）がなされなければ確定します。

転付命令には、他の債権者の介入を防げるという利点があります。債権差押命令の場合、他の債権者がいて、差押え・仮差押が重なったり、配当要求をしてくるケースがよくあります。そうなると、通常は、第三債務者から取り立てた金銭を他の債権者と分配しなければなりません。しかし、転付命令では、債権をそのまま独占することができます。

● 債権執行について気をつけておくべきこと

債権執行は他の債権回収方法よりも、比較的簡易な回収手段といえます。その反面、他の債権者と競合する場合もあるので、その点は留意しておくべきです。

① 第三債務者による相殺

第三債務者が金融機関であるケースでは、債務者に対してその金融機関が貸金債権をもっている場合が多いようです。その場合、債権者が差押えをしても、金融機関が貸金債権と差し押さえられた債務者の債権（預金債権）とを対当額で相殺（230ページ）してしまいます。

② 他の債権者との関係

他の債権者も差押えをするケースがよくあります。この場合、第三債務者は債務を法務局に供託することになります。そして、競合した債権者の間で、債権額に比例して供託金を分け合うことになります。

競合を避けたい場合には、すぐに裁判所に対して転付命令（差し押さえられた債権を差押債権者に移転する裁判所の命令）を申し立てま

す。転付命令が第三債務者に送達されれば、差し押さえた債権を独占することができるのです。

ただ、転付命令の場合には、債権の額面通りの弁済がされたものとみなされるので、第三債務者に弁済能力がなく回収が失敗に終わるというリスクがあります。

③ 給与債権の限界

債務者が給与所得者であるケースでは、給与債権を差し押さえた上で、第三債務者である会社などの雇主に対して取り立てをすることが有効です。ただ、給与は労働者の生活を支えるものなので、**手取額の４分の３に相当する額は差押が禁止**されています。なお、手取額が44万円を超える場合は、その手取額から一律33万円を差し引いた額を差し押さえることができます。つまり、33万円を債務者のもとに残せば、その残りはすべて差し押さえることができるのです。

■ 差し押さえられる給料の範囲

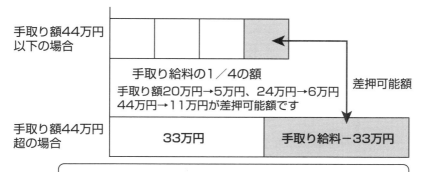

● 少額訴訟債権執行という制度もある

　強制執行は通常、地方裁判所が行いますが、少額訴訟にかかる債務名義による強制執行（債権執行）は、債務名義（確定判決や仮執行宣言を付した少額訴訟の判決など）を作成した簡易裁判所の裁判所書記官も行うことができます。この裁判所書記官が行う強制執行を**少額訴訟債権執行**といいます。少額訴訟債権執行の目的は金銭債権に限られ、弁護士以外でも、簡易裁判所の訴訟代理権を取得した認定司法書士であれば、裁判所の許可を得ることなく代理人となることができる等、比較的利用しやすい制度といえます。

　少額訴訟債権執行は、少額訴訟をより使いやすいものにするために作られた制度です。少額訴訟は、手続が簡単ですぐに訴訟の結果がでます。ですから、少額訴訟のスピーディさを生かすために、少額訴訟の執行手続も簡易なものとなったのです。たとえば、勝訴判決を得て債権執行する場合には、地方裁判所に申し立てなければなりません。しかし、少額訴訟債権執行を利用すれば、わざわざ地方裁判所に申し立てなくても、債務名義を作成した簡易裁判所ですぐに執行をしてもらえます。訴訟から執行手続まで一気に進めることができるのです。

　少額訴訟債権執行は、債権者の申立てによって行われますが、少額訴訟債権執行を利用することなく、通常の強制執行手続によることもできます。少額訴訟債権執行申立書は、少額訴訟を行った簡易裁判所に提出します。当事者、請求債権、差押債権は、記載内容が多岐にわたるため、別紙目録に記載します。

　申立書には、申立書とともに提出する添付書類を記載します。添付書類の具体例としては、債務名義の正本、執行文、送達証明書などがあります。その他にも、債権者と債務者の氏名・住所等を記載した当事者目録や、どのような判決により執行を求めるのかを記載する請求債権目録、差し押さえるべき債権を記載する差押債権目録を用意する必要があります。

11 責任財産の保全について知っておこう

債権者代位権と詐害行為取消権という２つの手段がある

● 債権者に認められた権利

　担保をとっていない債権者を一般債権者といいます。債務者の財産が十分にあれば、仮にもつれて強制履行ということになっても、一般債権者の債権は回収できるでしょう。しかし、一般債権者があてにする債務者の財産は、そのときどきの状態によって、増えたり減ったりします。仮に債務者が複数の債権者に対して債務を負っている場合、まず抵当権等の担保をとっている債権者が、その担保を実行して自己の債権を回収します。この段階で、債務者の財産がすべてなくなってしまえば、残りの債権者は債権を回収できません。残りの財産がある場合、一般債権者の債権を実現する原資となるべき債務者の財産の総体（強制執行の対象となる物や権利で、一般債権者の共同担保となる財産）を**責任財産**といいます。民法は、債務者の責任財産を保全するために、債権者代位権と詐害行為取消権を債権者に与えています。

① 債権者代位権

　債権者代位権とは、債務者が自己の権利（被代位権利）を行使しようとしない場合に、債権者が自己の債権を保全するために債務者に代わって被代位権利を行使して、債務者の責任財産の維持・充実を図る制度です。債権者は債務者の代理人としてではなく、自分自身のために、債務者になり代わって被代位権利を行使するわけです。

　たとえば、A（債権者）がB（債務者）に100万円を貸し付けましたが（被保全債権）、返済日を過ぎてもBが返済しないとします。この場合、BのC（相手方）に対する100万円の貸金債権（被代位権利）を、AがBに代わって行使するのが債権者代位権です。

第３章　債権保全・執行手続　115

債権者代位権に関して、民法は裁判上の行使に限定していませんので、裁判外で行使することも可能です。

　債権者代位権を裁判外で行使する具体的な方法としては、たとえば前述の事例において、A（債権者）がC（相手方）に対して「Bから借りた100万円をBに支払え」と直接伝える方法が考えられます。裁判上でAがCに対して債権者代位権を行使する場合にも、「Cは、Bに対して負っている100万円の貸金債務を、Bに対して支払え」という判決を求める訴訟を提起することになります。この訴訟において、Aの主張が認められる内容の判決（認容判決）が確定した場合は、Cから100万円の支払いを受けたBに対して、改めて、自己の貸金債権（100万円）の支払いを求めていくことになります。

　もっとも、債権者代位権において、保全しようとしている債権（保全債権）が、上述の事例のような金銭債権である場合には、債権者代位権の行使によって、CからBに対して支払う義務が肯定されたとしても、不動産の引渡しのような物理的に把握可能な義務とは異なり、Cから支払われた金銭をBがAの債権の弁済に充てる保証はなく、財産が散逸してしまうおそれすらあります。そこで、平成29年の民法改正によって、債権者が第三債務者に対して、直接金銭の支払いまたは動産の引渡しを求めることができる、という内容の規定が明確に置か

■ **債権者代位権**

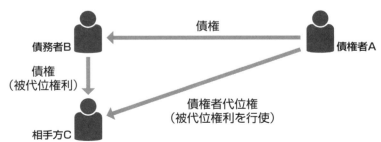

れました。このような請求権は、改正前においても判例が認めていましたが、民法改正ではそれを明文化したことになります。

② 詐害行為取消権

債権者は、債務者が債権者を害する（責任財産が減少する）ことを知って行った行為（詐害行為）の取消を、裁判所に請求することができます。債権者は債務者による詐害行為を取り消し、失った財産を責任財産の中に戻すことができるのです。つまり、債権者代位権とは異なり、裁判上においてのみ詐害行為取消権を行使することが可能です。

詐害行為取消権は債権者代位権と同じく責任財産の保全を趣旨とします。たとえば、A（債権者）がB（債務者）に100万円を貸与したが（被保全債権）、返済日を過ぎてもBが返済しない場合、Bが唯一の財産である土地をC（受益者）に売却した行為について、AがBC間の売買契約の取消しを裁判所に請求するのが詐害行為取消権です。平成29年の改正民法ではこの場合、AはC（受益者）を被告として（なお転得者がいる場合には転得者に対して）詐害行為取消権を行使することになることが明文化されました。そしてこの場合、改正前から実務上は同様の運用が行われてきましたが、詐害行為の取消しを求める（形成の訴え）とともに、受益者に移転した財産の返還を求める（給付の訴え）という訴訟を裁判所に提起することになります。

■ 詐害行為取消権

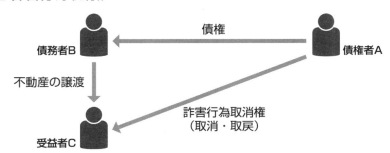

Column

民法改正の影響と経過措置規定

1896年（明治29年）に成立した民法は現在までほぼ不変でしたが、急速に変化する社会構造や経済状況の変化に合わせる目的から、「第三編　債権」に関する規定を中心に改正が行われました。

改正法は2017年（平成29年）6月に公布されました。公布から3年以内に施行されることになっていますので、2019年（平成31年）後半から2020年（平成32年）前半の施行が予想されます。改正法が施行された後に結んだ各種の契約には、原則として新法（改正後の規定）が適用されます。しかし、継続的な取引がある相手方との間で、施行日をまたいで存続する契約関係等については、旧法（改正前の規定）、新法のいずれが適用されるのかによって、取引の内容に大きな影響を与える場合も少なくありません。そこで、改正法は経過措置規定（新旧のどちらが適用されるかなどにつき、社会の混乱を避けるために法の過渡期に定められる規定）を設けて、民法改正に伴う法律関係を整理しています。

まず、消滅時効に関して、新法の下では債権の消滅時効期間が原則として統一されます。しかし、施行日前に生じた債権については新法の適用がなく、旧法下の各種の短期消滅時効が適用されますので、短期消滅時効期間の経過に注意が必要です。また、法定利率に関しても、施行日以後に生じた利息について、新法の規定が適用されますので、施行日前に生じた利息債権等については、旧法に従って債務者に請求を行うことになります。その他にも、施行日以後に適用される重要な新法の規定として、個人保証に関する公正証書の作成義務に関する規定や、個人根保証契約に関して極度額（保証限度額）の定めを義務づける規定などが挙げられます。

今後は、これらの経過措置の規定を確認する必要があります。

第4章

保証・連帯保証・根保証のしくみ

保証について知っておこう

本来の債務者が返済しない場合に備える

● 保証とは

　たとえば、Aが自宅を新築するために、銀行Bから資金を借り入れることを望んでいるとしましょう。Aが不動産をはじめ潤沢な財産を持っているのであれば、仮に借入金の返済が滞ったとしても、銀行Bは、Aが持つ各種の財産について差押え等を行うことで、貸金債権を回収できる見込みが高いといえます。しかし、Aにめぼしい財産がない場合には、Aは信用力が低いと判断され、銀行Bから融資を受けることは困難になります。他方で、銀行Bにとっても、他に財産を持たないAに融資を行うとなれば、後になって貸金債権をAから回収できなくなるおそれがあります。そこで、保証が必要とされるのです。

　保証とは、債務者（主たる債務者）が債務（主たる債務）を履行しない場合に、その債務を債務者の代わりに履行する義務（保証債務）を負うことをいいます。つまり、債務者の債務を保証した者（保証人）は、債務者が債務を履行しない場合は、その債務を債務者に代わって履行しなければならないことになります。

　たとえば、上記の事例のようにA（債務者）が銀行B（債権者）から借金をする場合に、Cが保証人になった場合は、Aが借金を返せなくなったら、代わりにCが返さなければなりません。これにより、銀行Bは「保証人C」という貸金債権の回収手段を手に入れることができ、Aも「保証人C」の存在で信用力が高くなり、自分に融資が行われることになるので、保証はAB双方にメリットがあります。

　保証は、保証人という「人」の財産を担保とする制度であることから「人的担保」とも呼ばれ、金融機関から融資を受ける場合や、マン

ション等の賃貸借契約、住宅ローンや奨学金の借入れなどに際して広く利用されています。

● 保証債務の性質

保証債務については、主たる債務との関係などから、次のような性質があります。

① **主たる債務とは別個の債務**

保証債務は「債権者」と保証人との間の契約（保証契約）によって設定されます。債務者と保証人が保証契約を結ぶわけではありません。ただ、債務者に代わって履行するものですから、保証債務の内容は主たる債務と同じとなるのが原則です。

② **付従性**

保証債務は主たる債務を担保することが目的ですから、主たる債務がなければ成立しませんし、主たる債務が消滅すれば保証債務も消滅します。これを保証債務の付従性といいます。たとえば、主たる債務が完済されたときは、保証債務も目的が達成されて消滅します。

③ **随伴性**

保証債務は主たる債務の担保ですから、主たる債務が第三者に移転

■ 保証契約のしくみ

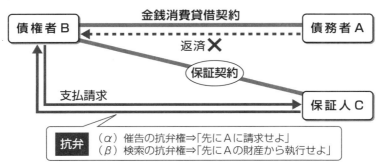

第4章　保証・連帯保証・根保証のしくみ

するときは、保証債務もこれに伴って移転します。つまり、保証債務も主たる債務と一緒に移動し、新しい債権者に対して保証債務を負うことになります。これを保証債務の随伴性といいます。

④　補充性

保証人は、主たる債務者がその債務を履行しない場合に初めて、保証債務を履行すればよいとされています。これを保証債務の補充性といいます。具体的には、催告の抗弁や検索の抗弁のことです。

⑤　書面性

保証債務の効力が生じるためには、書面（電磁的記録でも可）の作成が必要です。保証契約は口頭だけでは成立せず、契約書などの書面で締結する必要があります。

● 催告の抗弁や検索の抗弁とは

あくまで主役は主たる債務なので、保証人は債権者から保証債務の履行を請求された場合には、①「まずは主たる債務者に請求してください」と主張することができます。これを**催告の抗弁**といいます。

また、催告後に債権者が保証人に対して債務の履行を請求してきた場合であっても、②「主たる債務者には財産があるのだから、そちらを先に執行してください」と主張することもできます。これを**検索の抗弁**といいます。

催告の抗弁と検索の抗弁が認められることは、前述の保証契約の補充性から導かれます。つまり、保証人は原則として、主たる債務者が債務の返済を行うことが難しくなった場合にのみ、副次的に債務を返済する責任を負うという性質のものです。そのため、保証人が催告の抗弁や検索の抗弁を行使することで、本来の債務の返済義務を負う主たる債務者に対して、債務の返済を促す機能があるといえます。

なお、連帯保証については補充性が認められず、催告の抗弁や検索の抗弁を主張できない点に注意が必要です（122ページ）。

相 談 主たる債務者の抗弁権を主張できるか

Case 主たる債務者の債務が詐欺によって取消しをすることができる場合、保証人である私も、それを理由に保証債務の履行を拒むことはできるのでしょうか。

回 答 民法は「保証人は、主たる債務者が主張することができる抗弁をもって債権者に対抗することができる」と規定しています。保証債務はあくまでも主たる債務に付従する債務であって、主たる債務者が抗弁権をもって債務の履行を拒むことができるのに、保証人に保証債務を履行させるのは、保証債務が主たる債務に付従するという性質に反するからです。そのため、主たる債務者が債権者に対して抗弁権を有している場合、保証人はその抗弁権を主張して、保証債務の履行を拒絶することができます。

抗弁権とは、相手方からの請求を拒絶できる権利のことで、①契約の無効、②契約の取消しや解除、③時効による債務の消滅、④相殺の抗弁、⑤同時履行の抗弁権、⑥留置権の抗弁などがあります。たとえば、詐欺を理由に主たる債務が取り消された場合、保証人は主たる債務に取消事由があることを主張して、債権者からの履行請求を拒絶できます。また、主たる債務の消滅時効が完成している場合は、主たる債務者が消滅時効を主張していなくても、保証人は主たる債務の消滅時効を援用して、保証債務を消滅させることができます。

さらに、主たる債務者が債権者に対して債権（これを反対債権といいます）を有している場合は、保証人は主たる債務者が相殺できることを主張して、保証債務の履行を拒絶することができます。その他、買掛債務の保証の場合、主たる債務者は債権者から材料の供給と同時でなければ、代金の支払いを拒絶できるという同時履行の抗弁権を有します。保証人も同時履行の抗弁権を主張することができます。

第4章 保証・連帯保証・根保証のしくみ 123

2 保証にはどんな種類があるのか

実務で利用される保証のほとんどが「連帯保証」である

● 通常の保証と連帯保証がある

　保証には、通常の保証と連帯保証とがあります。両者の決定的な違いは、通常の保証が、主たる債務者が支払いをしないときに初めて、保証人が返済する義務を負うのに対し、連帯保証では、債権者から請求されれば主たる債務者の支払いの有無にかかわらず、保証人は直ちに返済しなければならないという点にあります。

　具体的には、通常の保証では、いきなり債権者から保証人へ履行の請求がきた場合、自分よりも先に主たる債務者に請求するよう求めることができます。これを催告の抗弁といい、主たる債務者が破産手続開始決定を受けたり、行方不明にならない限り、保証人は主張することができます。また、債権者が主たる債務者に請求（催告）した後に、保証人に履行を請求した場合であっても、先に主たる債務者の財産を差し押さえるよう求めることができます（検索の抗弁）。つまり、通常の保証では、主たる債務者の財産に差押えが行われるまでは、保証人は保証債務の履行を拒絶できることになります。これは、保証債務の補充性（120ページ）から認められる保証人の権利です。

　これに対し、連帯保証では、保証人（連帯保証人）は主たる債務者と同等の責任を負うことから保証債務のもつ補充性は奪われ、催告の抗弁も検索の抗弁も認められていません。そのため、主たる債務者よりも先に連帯保証人が請求を受けても、これを拒むことはできず、直ちに保証債務を履行しなければならないというわけです。

　保証人が2人以上いる場合を共同保証といいますが、この共同保証においても、連帯保証人は重い責任を負わされることになります。共

同保証は、数名が同一の主たる債務を保証するものであり、共同保証人は、主たる債務の額を保証人の数に応じて分割し、各保証人は分割された額を保証すれば足りるとされています。これを**分別の利益**といい、保証人の負担を軽減するための制度です。しかし、連帯保証人には分別の利益は認められていません。そのため、連帯保証人が複数名いても、各連帯保証人は主たる債務の全額を保証する義務があります。

なお、民法上は、通常の保証を原則とし、特約があれば連帯保証とすることができるとされていますが、実務上は連帯保証が多用されるため、保証といえば連帯保証を指すのが一般的です。

◉ 根保証と継続的保証

一定の期間内に継続的に発生する不特定の債務を担保するための保証を**根保証（継続的保証）**といいます。通常の保証のように、債務額や返済期限などが決まっている1回限りの債務を保証するのではなく、根保証では特定の債権者との間で将来にわたって発生する複数回の債務を保証することになります。

根保証には大きく、①継続的な売買取引や銀行取引など一定の範囲に属する債務を保証する信用保証、②マンションなどの賃貸借契約から生ずる賃借人の債務の保証、③従業員が会社に対し損害を与えた

■ 個人根保証に関する規律 ……………………………………

一定の範囲に属する不特定の債務を主たる債務とする個人が保証人となる保証契約が個人根保証である

（例）賃借人の債務を個人が保証する契約

個人根保証は極度額を書面または電磁的記録で定める

⇒ 定めていない個人根保証は無効となる

個人根保証は保証人の破産手続開始の決定が元本確定事由の1つとなる

⇒ 個人貸金等根保証は債務者の破産手続開始の決定も元本確定事由となる

第4章　保証・連帯保証・根保証のしくみ　125

場合にその賠償義務を負う身元保証の3つの類型があります。

　根保証については、保証額の上限（極度額）や保証期間の定めがない**包括根保証**をする場合がありますが、改正前の民法の下でも事業資金のための借入れ（貸金等債務）を個人が根保証する場合に、包括根保証を用いることが禁止されていました。さらに、平成29年の民法改正により貸金等債務に限定することなく、個人が根保証契約を結ぶ場合（**個人根保証契約**）に包括根保証をすることが禁止され、極度額を定めない個人根保証契約を無効としています。

　なお、個人根保証契約も保証契約の一種ですから、極度額などの契約内容を書面または電磁的記録（電子メールなど）に記載しなければ、個人根保証契約が無効となります。

　たとえば、前述の②の類型では、賃借人の債務の保証人は、未払い賃料だけでなく、遅延損害金や退去時の原状回復にかかる債務、賃借人の死亡や行方不明などによる残置物の撤去にかかる債務、賃借人の自殺による損害賠償債務など、不特定の債務の保証を強いられるため、賃借人の債務を保証することは根保証にあてはまります。

　このとき、保証人の責任は青天井に過大になる恐れがあることから、保証人の予期に反する弁済責任が発生することを防止するため、個人が根保証をする場合（個人根保証契約）は、上限枠である極度額を定めなければならないとしているのです。

　この他、個人根保証は、保証人の破産手続開始の決定が元本確定事由にあたります。つまり、保証人が破産手続開始の決定を受けた時点で元本が確定し、以後に未払い賃料が発生しても、保証人はその支払義務を負いません。他方、賃借人（主たる債務者）が破産手続開始の決定を受けたことは、原則として元本確定事由にあたりません。ただし、個人根保証のうち融資に関するもの（個人貸金等根保証）は、保証人の破産手続開始の決定だけでなく、主たる債務者の破産手続開始の決定も元本確定事由にあたります。

相 談 貸金の根保証契約で限度額・期間の定めは必要か

Case 私は貸金業を営んでおり、会社を辞めて飲食業を開業したA
に対して複数回にわたり営業に必要な資金を融資しています。

　Aは友人のBを融資の連帯保証人として立てていますが、連帯保証
契約を結ぶにあたり、保証限度額（極度額）、保証期間については特
に定めていません。以前はAの商売も順調だということで、私として
は安心していたのですが、次第にAからの返済が滞るようになりまし
た。私としては、かなりの資力のありそうなBに貸金返済の請求をし
ようと思いますが、請求にあたって何か問題はあるのでしょうか。

∙∙

回 答 Bの連帯保証は、あなたからAに対する複数の融資を個人と
して保証していますので、平成29年の民法改正で導入された「個人根
保証」にあたると考えられます。さらに、改正前民法における、事業
資金のための借入れ（貸金等債務）を個人が根保証するという「個人
貸金等根保証」にも該当すると考えられます。

　改正前民法の下では、個人貸金等根保証にのみ極度額の設定などが
必要でした。しかし、平成29年の民法改正によって、個人が根保証を
するあらゆる場合に極度額の設定などが必要となりました。

　あなたの場合は、Bとの契約時に保証限度額（極度額）を設定して
いませんので、根保証契約は無効となります。よって、あなたがBに
請求しても、Bはあなたに支払う必要はないといえるでしょう。

　仮に極度額などを設定していたとしても、保証契約を書面または電
磁的記録（保証契約書など）で作成しなければ無効です。

　なお、貸金等債務の個人根保証契約は、保証期間を定める場合は5
年を越えることができず、保証期間を定めないと期間3年の根保証契
約とみなされます。つまり、保証期間の定めがないだけであれば、期
間が3年となるだけです（契約は無効となりません）。

第4章　保証・連帯保証・根保証のしくみ　　127

3 保証人の資格や責任について知っておこう

金銭の借入れだけでなく賃貸借契約でも保証人が求められる

◉ どんな場合に保証が求められるのか

　保証とは保証人という「人」の財産を担保とする制度であり、仮に債務者が支払いを怠った場合でも、保証人をとっていれば、その保証人に対し支払いを請求できるようになります。そのため、事業資金の融資や、住宅ローン、奨学金の貸付など大口の金銭貸借について、保証人を立てることを要求されたり、また小口の融資であっても債務者の資力に不安があれば、保証人を求められます。さらに、マンションなどを借りるときには、保証人が必要となります。この他、就職に際し、身元保証を入社条件とされることもあります。

　では、債権者から保証人を求められた場合、誰でも保証人となることができるのでしょうか。保証人となる資格については特に制限はなく、債権者が同意すれば誰でも保証人になることができるのが原則です。ただし、法律または契約の定めによって、債務者が保証人を立てる義務がある場合は、その保証人は①行為能力者であり、かつ②弁済資力を有していることが必要となります。たとえば、保証人を立てることを契約条件に融資が行われる場合は、上記の要件を具備した保証人を立てる必要があるというわけです。行為能力とは、契約などの法律行為を単独で有効になし得る能力のことをいい、行為能力が制限される未成年者、成年被後見人、被保佐人、被補助人（保証人となることが制限されている場合に限る）は、保証人となることはできません。

　また、保証人を立てる義務がある場合の保証人には弁済資力が要求されることから、保証契約締結後に、保証人が資力を失った場合は、債権者は代わりの保証人を立てることを請求することができます。こ

れに対し、保証契約締結後に、保証人が制限行為能力者になったとしても、それだけでは資力に影響を与えることはないので、この場合は、債権者は他の保証人を立てることを要求することはできません。

なお、これらの要件は債権者を保護するためのものであることから、債権者が保証人を指定した場合は、保証人は誰でもよく、上記要件を備える必要はないとされています。

● どんな責任を負うのか

たとえば、事業資金や住宅購入資金など貸金債務を保証した場合、保証人は、その貸金債務を弁済する責任を負います。また、企業や個人事業主が経済活動に必要な商品や原材料を購入するときに、その代金債務（買掛債務）を保証した場合、保証人は、その代金債務を支払う責任があります。このように金銭債務の保証では、債務者が融資を受けた金額や、あるいは商品を購入した代金について、保証人に弁済する責任が発生します。

一方、企業や個人事業主が定期的に商品や原材料を購入する際の代金債務を保証するような根保証の場合は、元本確定期日までに発生した複数の債務の元本・利息・違約金・損害賠償など（保証債務について約束された違約金や損害賠償の額も含む）について、極度額を限度として弁済する責任を負います。平成29年の民法改正では、貸金等債

■ 保証人になるための資格

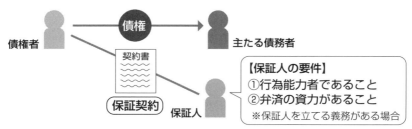

務の根保証に限らず、個人が根保証をする場合（個人根保証契約）について、極度額（保証人が負担する上限の金額）の定めがない個人根保証契約は無効とし、保証人の責任の範囲に制限を設けています。

また、身元保証のケースでも、保証人の責任は、①職務上の行為により従業員が会社に損害を与え、これを会社側が請求した場合、②従業員が第三者に損害を加え、会社が第三者に賠償した場合に限定されていますが、上限金額が設けられていない場合は、保証人の責任は過大となるおそれがあります。そのため、個人が身元保証をする場合は個人根保証契約にあてはまるので（124ページ）、改正民法施行後は、上記のケースと同じく同じく保証契約締結時に極度額を定める必要があり、この定めのない身元保証は無効になります。

◉ 支払わないとどうなるのか

主たる債務者が返済に困窮すれば、債権者は保証人に対し、保証債務を履行するよう請求してきます。通常、保証人への請求は一括請求の形をとります。というのも、分割して債務を支払っている主たる債務者が一定回数支払いを滞り、分割払いという期限の利益を喪失した後に、保証人に対して履行の請求が行われることが多いからです。

保証人に対する履行の請求が適法である（消滅時効によっても消滅しない）場合に、保証人が保証債務の支払いを免れるには、最終的には自己破産をする他なくなります。自己破産をすれば、自宅などの大切な財産の多くを失います。しかし、保証人が請求を無視すれば、訴訟などの手続きを経て、保証人の財産に対し強制執行が行われることになり、結局は財産を失います。自宅などの失いたくない財産がある場合は、弁護士や認定司法書士などの専門家を入れて、債権者と分割払いについて交渉する必要があります。任意整理と呼ばれる手段の選択です。交渉次第では、将来の利息だけでなく、これまでの利息もカットできたり、あるいは長期分割も認めてもらえるかもしれません。

相談 主たる債務者の資力に不安を感じている

Case 私は取引先の会社に頼まれて、定期的に発生する借金の連帯保証人になったのですが、最近その会社の業績が芳しくなく、倒産するのではないかと心配しています。取引先が倒産すると、保証人である私が知人の借金を返済しなければならなくなるため、いまのうちに保証人を辞めたいのですが、辞めることはできるのでしょうか。

回答 あなたの連帯保証は個人根保証契約にあたりますので、極度額の定めなどがない場合は、民法の定めによって個人根保証契約自体が無効となる場合があります（124ページ）。

また、根保証契約の場合、民法などの法律で明記されているわけではありませんが、判例（最高裁判所の判決）により、保証契約時に予想できなかった特別な事情が生じた場合は保証人は保証契約を解約できるとする「特別解約権」が認められています。特別な事情としては、①主たる債務者の資産状態が著しく悪化した場合、②代表取締役など一定の地位を前提に保証をした場合等があります。本ケースでも、主たる債務者が倒産寸前の状態にあるということなので、①に該当し、特別解約権が認められる可能性があります。

ただし、特別解約権によって責任が免れるのは、解約の意思表示をした後に発生した債務についてであり、それ以前に発生した債務については責任を免れることはできません。そのため、将来、債権者から保証債務の履行を求められる危険性があります。

主たる債務者が不動産を所有していれば、将来発生するであろう保証人から主たる債務者に対する求償債権の担保として、抵当権等の担保権を設定してもらうようにしましょう。この際、主たる債務者が担保権の設定に協力しない場合は、主たる債務者が勝手に財産を処分しないように、裁判所に申し立てて主たる債務者の財産を仮差押して、

第4章 保証・連帯保証・根保証のしくみ 131

損害を最小限度にとどめる対策を立てることもできます。

相談 保証契約締結時から時間が経過したので保証人をやめたい

Case ずいぶん前に知人に頼まれて保証人になったのですが、その後何の連絡もないので、保証人を辞めたいと思っています。保証人を辞める方法はありますか。

回答 保証人を辞める方法は、保証が根保証にあたるのか、それともあたらないか（通常の保証）によって異なります。まず、継続的取引から発生する複数の債務を保証している場合や、賃貸借契約の賃借人の債務を保証している場合などは、保証は根保証にあたります。

平成29年の民法改正が施行（平成29年6月の公布から3年以内に施行予定）されるまでは、個人貸金等根保証（借金を保証する場合など）を除いて、保証額の上限も保証期間の定めもない包括根保証契約を結ぶことができます。この場合は、包括根保証契約の締結後、相当な期間（3年程度）が経過すれば、債権者の承諾なしに当該保証契約を一方的に解約することができると解されています。

一方、個人貸金等根保証にあたる場合は、極度額を定めない包括根保証は無効ですので、もし保証契約書に極度額の定めがなければ、当該保証契約の無効を主張することが考えられます。また、元本確定期日を定めていない場合は、契約日から3年を経過する日に元本が確定します（元本確定期日を定めている場合は、原則としてその日に確定します）。この場合、契約日から3年経過後に発生した債務者（知人）の債務について、保証人は、弁済の責任を負う必要はありません。

また、平成29年の民法改正施行後は、個人が根保証契約を結ぶ場合（個人根保証契約）は、個人貸金等根保証にあたらなくても、極度額を定めない包括根保証がすべて無効となります。そのため、個人貸金

等根保証と同様に、保証契約書に極度額の定めがなければ、当該保証契約の無効を主張することが考えられます。したがって、本ケースの根保証契約が、無効や解約のできる事情に該当する場合は、債権者に対して、その旨を記載した内容証明郵便を送るとよいでしょう。

　なお、賃貸マンションの債務者の保証につき包括根保証を定めていた場合は、相当な期間が経過し、かつ賃借人がしばしば賃料を滞納しているにもかかわらず、賃貸人が解約の意思表示をしないときは保証人が保証契約を解約できるとした判例があります（大判昭和8年4月6日）ので、一度債権者に打診してみるとよいでしょう。

　これに対し、通常の保証については、相当な期間が経過したことを理由に、保証契約を解約できるとした判例はありません。ただし、主たる債務または保証債務について消滅時効が完成していれば、消滅時効の援用によって保証債務が消滅しますので、これにより保証人をやめることができます。なお、保証人が主たる債務の消滅時効を援用したときは、主たる債務が消滅する結果として、保証債務の附従性により保証債務も消滅することになります（119ページ）。

　また、債権の消滅時効期間については、平成29年の民法改正によって、商法が定める商事消滅時効や、民法が定める短期消滅時効を廃止しています。その上で、原則として権利を行使できるのを知った時から5年（主観的時効期間）、または権利を行使できる時から10年（客観的時効期間）に時効期間を統一しています（42ページ）。

　時効期間は、主たる債務者が最後に支払った日からカウントされますが、時効期間が経過するまでの間に、たとえば、主たる債務者が支払いをしていた場合（債務の承認にあたります）は、保証債務の時効が更新（中断）されます。消滅時効を援用する場合は、主たる債務の取引履歴を取り寄せるなどして、時効期間の経過の有無を確認します。時効期間が経過したと思われるときは、内容証明郵便で消滅時効を援用する旨を債権者に通知します。

第4章　保証・連帯保証・根保証のしくみ　133

4 保証契約を締結する際の注意点について知っておこう

保証人が自己の責任を認識した上で保証契約を締結する必要がある

◉ 書面で締結する必要がある

　保証では、自己の責任を十分に認識しないまま保証人を引き受けるケースが少なくはないことから、保証の意思表示を慎重かつ確実なものとするため、保証契約は必ず書面でする必要があります。書面によらない保証契約は無効となります。契約書をeメールなどの電磁的記録で作成した場合も書面によるものとみなされますので、有効です。

◉ 保証意思が認められない個人保証は禁止されている

　個人保証とは、企業が金融機関から融資を受ける場合に、経営者やその家族、知人などの個人が、企業の融資を保証する制度です。この制度の下では、資力に乏しい主たる債務者である企業の資金調達が可能になる一方で、主たる債務者が破たんした場合には、保証人である経営者などが、個人の資力では到底、支払えない高額の保証債務を負担させられます。このことから、保証人が自己破産や自殺に追い込まれるケースも後を絶たず、深刻な社会問題となっています。そこで改正民法では、個人保証を原則禁止としながら、保証人の自発的な意思が認められる場合には例外的に認めるなどの措置を講じています。

　具体的には、事業のための貸金等債務に関する保証契約や根保証契約などの締結日前1か月以内に、保証人となる個人の意思を公正証書で確認する必要があり、公正証書が作成されずに締結された貸金等債務に関する保証契約や根保証契約は無効となります。つまり、保証契約締結時だけでなく、公正証書の作成時にも、保証人の保証債務を履行する意思（保証意思）の有無が二重にチェックされます。また、貸

金等債務を含めた事業のための債務の保証契約や根保証契約の締結に際して、主たる債務者は、保証や根保証を委託した個人に自らの返済能力にかかる情報を提供することが義務づけられています。

　個人が「事業のために負担した貸金等債務」を保証する場合、個人が「事業のために負担した貸金等債務」を含む根保証をする場合、または「事業のために負担した貸金等債務」の保証または根保証の保証人が取得した主たる債務者に対する求償権を個人が保証する場合には、前述のとおり保証契約や根保証契約に先立ち（契約締結日前1か月以内に）、保証債務を履行する意思（保証意思）を確認するため、公正証書を作成しなければなりません。これは保証契約や根保証契約そのものを公正証書で作成することを要求するものではなく、保証意思を確認するための公正証書です。

　ただし、個人保証の制限は経営とは無関係の個人を保護する趣旨ですので、主たる債務者と一定の関係にある個人が保証人となる場合（経営者保証）には、公正証書の作成は不要です。具体的には、主たる債務者が法人の場合は、取締役、理事、執行役、過半数の株式保有

■ 個人保証の契約締結時の公正証書と情報提供義務 ⋯⋯⋯⋯⋯⋯

	債務者の委託を受けない場合	債務者の委託を受ける場合
①事業のために負担した貸金等債務を個人が保証・根保証	公正証書必要 情報提供義務なし	公正証書必要 情報提供義務あり
②事業のために負担した貸金等債務の保証・根保証の保証人の債務者に対する求償権に係る債務を個人が保証	公正証書必要 情報提供義務なし	公正証書必要 情報提供義務あり
③事業のために負担した債務を個人が保証・根保証（①②を除く）	公正証書不要 情報提供義務なし	公正証書不要 情報提供義務あり

公正証書：保証人が契約締結日前1か月以内に保証意思を確認する公正証書を作成する義務
情報提供義務：債務者が自己の返済資力について保証人に説明する義務

第4章　保証・連帯保証・根保証のしくみ　135

者（総株主の議決権の過半数を有する者）など、主たる債務者が個人事業主の場合は、共同事業者、債務者の事業に従事する配偶者などが保証人となる場合は、公正証書による保証意思の確認は不要です。

● 連帯保証とするには契約書に特約を設ける必要がある

保証人から、検索の抗弁や催告の抗弁を奪う連帯保証は、債権回収の効率化を促し、担保機能を強化させることから、債権者にとって有利な制度である一方で、保証人にとっては重い負担となります。そのため、民法では、通常の保証を原則とし、当事者の合意がある場合、例外的に連帯保証を認めています。逆に民法の特則となる商法では連帯保証が原則とされます。ここから、事業資金の借入れなど主たる債務が商行為によって発生したとき、または銀行が保険料を受け取って債務保証をするなど、商法の適用を受ける場合以外は、保証人が債務者と連帯して債務を負担する旨の「特約」を記載する必要があります。

● その他、契約書に記載すべき事項

貸金等債務を含む根保証契約では、極度額を定めなければなりません。というのも、根保証契約においては、支払金額が不特定であって、保証人の負担が過大になるおそれがあるためです。特に個人が保証人となる場合は保護する必要性が高いといえます。平成29年の民法改正では、極度額（保証限度額）の定めがない個人が保証人となる根保証（個人根保証）は無効であると規定しています（124ページ）。また、元本確定期日を定めなかった場合は、保証契約締結から3年とされ、定める場合は5年以内の日としなければならず、5年を超える場合は5年に短縮されます。これは身元保証の存続期間と同じです。

● 債権者にはどんな義務があるのか

貸金業法は貸金業者に、保証契約に際し、主たる債務者が弁済する

ことが確実であると誤認させるおそれのある言動をしたり、虚偽や不正または著しく不当な行為をもって保証契約を締結することを禁じています。また、保証契約の前後の2回にわたって、保証契約の内容を保証人に確認することを義務づけています。これらの義務に違反した場合は、一定の罰則が科せられることになります。

身元保証に関する法律では、使用者（会社）に、①被用者の業務不適任・不誠実な行為により身元保証人に責任が発生するおそれがある場合、および②被用者の任務または任地が変更になったことにより責任が増えた場合には、身元保証人に通知する義務があるとしています。使用者がこの通知義務を怠った場合は、その後会社に損害が発生したとしても身元保証人の責任は軽減されます。

◉ 契約時に債権者が注意すべき点

後日の紛争を回避するためにも、保証契約の締結に際して、債権者は、保証人に直接面談し、保証内容を説明した上で、保証人の意思を確認する必要があります。保証人の保証意思に基づかない契約は無効となる危険性があるからです。押印は印鑑証明書付きの実印でもらい、署名押印は面前でしてもらうようにしましょう。

◉ 契約書に署名捺印するときの注意点

保証を引き受けることは、全財産を失う危険性があるということを十分に認識した上で、保証契約を締結するようにしてください。契約書に署名押印する前であれば、保証人をおりることはできます。保証人となることの重いリスクを承知の上で、保証人を引き受ける場合であっても、保証契約書に書かれた内容をしっかりと確認する必要があります。事前に債務者から聞かされていた内容と齟齬があるなど、記載されている内容に納得がいかない場合は、安易に署名せず、いったん持ち帰った上で債務者に確認するようにしましょう。

第4章　保証・連帯保証・根保証のしくみ

相 談 融資に際して保証人を立てさせたいがどうすればよいか

Case 私は、知人Aに300万円を事業資金として融資することを申し込まれていましたが、確実に返済してもらえるか不安でしたので、返事を渋っています。するとAは、自分の妻Bは資産家の娘であるから、いざとなったら妻の父Cが保証してくれるから安心してほしいと再び懇願してきました。Aを信じて300万円を融資して問題ないでしょうか。

回 答 保証は債権者と保証人との保証契約により成立するものです。どんなに債務者が「保証人を立てる」と約束しても、保証人自身が「私が保証人になる」と約束（合意）しなければ保証契約は成立しません。そこで、まずCさんに保証意思の有無を確認する必要があります。次に、Cさんが本当に資産家であるかどうかは実際に調査しなければわかりません。Cさんがいざというときに300万円を支払えるだけの十分な資力をもっているか、源泉徴収票や確定申告書の控えなどで確認する必要があるでしょう。さらに資力があることに加えてきちんと保証義務を果たしてくれると信用できる人物かどうかも重要な調査事項となるでしょう。

　以上のような調査を経て、調査事項に納得できればCさんと保証契約を締結します。この場合、保証契約書を作成しなければ保証契約は成立しません。契約書を公正証書で作成しておけば、後日Cさんが履行を拒んだ場合でも容易に強制執行することができます。

　また債権担保の効力を高めたいのであれば、保証人が債務者と連帯して債務を保証する連帯保証契約を締結すべきです。通常の保証契約の場合は、まず債務者のAさんに支払いを請求することが必要ですが、連帯保証契約の場合、いきなり保証人のCさんに支払いを請求できます。

相 談　法人が保証人になれるか

Case　新しい企業と継続的に取引をしたいと思っているのですが、信用力に不安があります。その企業の関係会社に、自社とも長年取引をしている会社があったため、その会社に保証人となってもらいたいのですが、法人が保証人になることはできますか。

回 答　会社などの法人が保証人となることを法人保証といいます。会社の債務を保証する場合、通常は会社の代表者（代表取締役など）が保証人となりますが、関係会社が保証人となることもあります。法人が保証人となる場合、以下の２点に注意する必要があります。

　まず、保証人（A社）の取締役Dが、主たる債務者（B社）の代表取締役を兼務している場合、B社がC社から原材料を購入した際に発生した売掛金債務を担保するため、DがA社を代表して保証契約を結ぶ行為は、A社に不利益となる利益相反行為に該当します。そのため、A社の取締役会（取締役会を設置していない会社のときは株主総会）の承認を得る必要があります。承認を得ていないことをC社が知っていた、または知ることができた場合は、保証契約自体が無効となるおそれがありますので、取締役会議事録（または株主総会議事録）で必ず承認を得たことを確認するようにしましょう。

　次に、会社が債務を保証することは、保証する会社にとって多額の借財にあたる可能性があります。保証する会社が借入れをしたわけではありませんが、主たる債務者である会社が債務を弁済しない場合には、保証する会社に弁済義務が発生するため、保証債務も「借財」に含まれます。それが多額の借財にあたるか否かは、借財の額、会社の総資産・経常利益等に占める割合、借財の目的および会社における従来の取扱いなどの事情を総合的に考慮して判断されます。債務の保証が多額の借財に該当する場合は、取締役会決議（取締役会を設置して

第４章　保証・連帯保証・根保証のしくみ　**139**

いない会社のときは取締役の過半数）の賛成が必要になります。多額の借財にあたるにもかかわらず、決議を経ずに締結された保証契約は無効となるおそれがあります。

相談　代表取締役をやめたときには保証人を辞めることはできるか

Case　私は、代表取締役に就任した後、会社の借金について連帯保証人になってきましたが、体調を崩したこともあり、このたび会社を退職し、代表取締役も辞任することになりました。代表取締役を辞めれば、連帯保証人もやめることはできますか。

回答　代表取締役を辞任しても、連帯保証人を辞めることはできません。どうしても連帯保証人を辞めたい場合は、債権者から合意を得る必要があります。いわゆる合意解除です。ただ、保証は、主たる債務者が支払わない場合の強力な担保となるため、債権者側も容易には保証人の脱退を認めてはくれません。そこで新たな代表取締役に連帯保証人を交代してもらうなど、従前の保証人と資力が同じか、あるいはそれ以上の資力のある人を連帯保証人として立てる必要があります。

　もっとも保証契約が根保証である場合は、保証契約時に予想できなかった特別の事情が生じたときに、保証人から一方的に解約できる「特別解約権」が認められるのが判例です（129ページ）。

　設例のように、代表取締役という地位を前提として保証契約が締結され、その後代表取締役の地位を離れた場合は、特別の事情が生じたときに該当しますので、特別解約権が認められます。債権者に対して代表取締役を辞任したことを理由に根保証契約を解約する旨の通知を内容証明郵便で送るようにしましょう。

　なお、通知が債権者に到達し、解約の効果が生じる前に発生した債務については辞任した代表取締役にも保証責任があります。

140

5 保証人からの回収を検討する際にこれだけはしておこう

保証人の財産状態についての調査を怠らない

◉ 保証人からの債権回収手続

　保証人が債権者の請求に応じて任意に支払ってくれるのであれば、債権者は問題なく債権の回収を実現できます。しかし、保証人は「債権者から名前だけ貸してくれと依頼されて名前を貸しただけである」などさまざまな理由をつけて支払いを拒むことが多いのが現実です。

　その場合、債権者は訴訟を提起して保証人に対する勝訴判決を得て、保証人の財産に強制執行をすることになります。

　このような煩雑な手続きを避けるためには、保証契約を執行証書（52ページ）の形で作成しておくことが有効です。執行証書があれば訴訟を経ずに保証人の財産に強制執行することができます。

◉ 保証人の通知義務について

　保証人が、債権者から返済を請求された場合は、必ず主たる債務者にその旨を通知する義務があります。これは主たる債務者の弁済の機会を不当に奪うのを防止するためです。

　また、保証人（主たる債務者から依頼を受けた保証人に限ります）は、債務を弁済する前に、主たる債務者にその旨を通知する義務があります（事前通知義務）。もし事前通知義務を怠って保証人が弁済した場合には、主たる債務者は、債権者に対抗できる事由をもって保証人に対抗できます。

　さらに、保証人が弁済した後も、主たる債務者に通知する義務があります（事後通知義務）。これは主たる債務者が保証人の弁済を知らずに、債権者に弁済することを防ぐためです。もし保証人が弁済後に

第4章　保証・連帯保証・根保証のしくみ

事後通知義務を怠っている間に、保証人の弁済を知らずに（善意で）主たる債務者が弁済をしたときは、その弁済は有効とみなされることから、保証人は主たる債務者に求償権を行使することができなくなります。なお、事後通知義務は委託の有無を問わず、すべての保証人に課せられています。

● 保証人についての調査をする

　保証は、保証人の財産によって主たる債務を担保するものなので、債権者としては、あらかじめ保証人の財産状況を調査しておく必要があります。また、保証人は主たる債務者とは経済的に独立した人を立てさせる必要があります。夫の主たる債務について妻を保証人とするようなことは避けるべきです。夫が借金を払えないような状況においては、同一家計である妻も同様に支払いが困難といえるでしょう。

　保証人を調査する際には、その人の人柄にも注意する必要があるでしょう。どんなに財産をもっていても、保証人が保証債務の請求に素直に応じてくれるような人物でなければ、結局債権者はトラブルに巻きこまれてしまい、よけいな労力を費やすことになるからです。

　なお、保証人が会社の場合には特別の注意が必要となります。たとえば、ある会社の取締役の債務をその会社が保証することは、取締役が会社の利益を犠牲にして自己の利益を図る典型例であり、これを利益相反取引と呼びます。利益相反取引は、取締役会（取締役会非設置会社のときは株主総会）の承認がない限り無効となり得るので、債権者としては取締役会の承認の有無を確認しておきましょう。

● 保証人の意思を確認する

　保証契約を結ぶ場合にもっとも重要なのは、保証人の保証意思を確認することです。主たる債務者が、保証人の署名・押印した保証契約書を持参してきたとしても、債権者としては保証人に直接連絡して保

証する意思があるか否かを確認する必要があります。なぜなら、後日保証人が保証契約書の偽造を主張することも考えられるからです。

なお、企業が金融機関から融資を受けるときに、個人が保証人になる場合（個人保証）には、事業のための貸金等債務に関する保証契約や根保証契約の締結日前１か月以内に、保証人となる個人の意思を確認するために、公正証書を作成することが義務づけられています（132ページ）。

● 保証の限界を知っておく

人的担保である保証は、物的担保と比べて保証人の資力の変動により影響を受けやすいという限界もあります。保証契約時点に預金や土地などの財産をもっていたとしても、その後に保証人の経営していた会社が倒産して保証人自身が破産することもありえます。

債権者は債権の確実な回収を図るためには、保証契約の設定で満足することなく保証人の資産状況を常に把握しておく必要があるのです。そして保証人の資産が減少した場合には、主たる債務者に対して保証

■ 公正証書の作成が必要となる保証等

公正証書の作成が必要な場合	公正証書の作成
保証人が「個人」である → 個人でも主債務者である企業の取締役・執行役・過半数株式保有者などは除外される **主債務が「事業のために負担した貸金等債務」である** → 主債務が売買代金債務や賃借人の債務などの場合は除外される	・保証人になろうとする者が、保証債務を履行する意思を表示する ・保証契約・根保証契約の締結に先立ち、契約締結日前１か月以内に作成された公正証書によって意思表示 ・公正証書の作成方式は、民法465条の６第２項の定めに従う

第４章　保証・連帯保証・根保証のしくみ　143

人の追加を要求するなど、保証人の破産などのリスクに備えた対応を
すべきでしょう。

● 保証人の情報提供義務について

　知人などに頼まれ保証人を引き受けた方の多くは、将来自分が負担
すべき債務の総額を知らず、主たる債務者が破綻して初めて高額の債
務を負担させられていたことに気づき、自らも破産などに追いやられ
るケースを散見します。そのため、将来自分が負担することになる債
務の総額や、保証しようとする主たる債務者の資力を知ることは、安
易な保証の引き受けを防止することにつながります。

　そこで、平成29年の民法改正では「保証契約締結時」「保証人から
請求を受けた場合」「主たる債務者が期限の利益を喪失した場合」に、
主たる債務者の財産状況や履行状況などの情報の提供を義務づける規
定を設けています。

①　保証契約締結時

　主たる債務者は、事業のために負担する債務の保証、あるいは事業
のために負担する債務を含む根保証を委託する場合、委託を受けて保
証人になろうとする個人に対し、自らの返済資力に関する情報を提供
しなければなりません。具体的に提供すべき情報は、ⓐ主たる債務者
の財産および収支の状況、ⓑ主たる債務以外に負担している債務の有
無・額および履行の状況、ⓒ主たる債務の担保として他に提供し、ま
たは提供しようとする物の有無およびその内容の３つです。

　この義務に違反して、主たる債務者が情報の提供を怠ったり、不実
の情報を提供した場合、これにより誤認して契約の申込みや承諾をし
た保証人は、債権者が知っていた（悪意）または注意すれば知ること
ができた（有過失）場合に限り、保証契約や根保証契約を取り消すこ
とができます。ここでの契約取消権は、債権者が詐欺や強迫の状態に
至っていなくても、契約取消権の行使を認めるものであるという特徴

を持っています。

②　保証人から請求を受けた場合

　委託を受けた保証人からの請求があれば、債権者は、主たる債務の履行状況についての情報を提供しなければなりません。情報提供を請求できるのは「委託を受けた保証人」に限られますが、保証人が個人であるか法人であるかは問いません。

③　主たる債務者が期限の利益を喪失した場合

　通常、分割払い（割賦払い）を認める契約では、約束された期日に返済しなかった場合には、債権者は債務者に対し、債務の残額を一括して返済するよう請求できる旨の特約が付されています。この特約を期限の利益喪失約款といいます。

　そして、主たる債務者が支払いを怠り、期限の利益を喪失した場合には、債権者は、主たる債務者が期限の利益を喪失したことを知った時から2か月以内に、個人である保証人に対し、その旨を通知しなければなりません。もし、期間内の通知を怠った場合は、期限の利益喪失から現に通知するまでの間に発生した遅延損害金を、保証人に請求できなくなります。

■ 保証人に対する情報提供義務 ……………………………………

	提供義務者	個人保証		法人保証	
		委託を受けた保証人	委託を受けない保証人	委託を受けた保証人	委託を受けない保証人
保証契約締結時の情報提供義務	債務者	○	×	×	×
主たる債務の履行状況の情報提供義務	債権者	○	×	○	×
期限の利益喪失についての情報提供義務	債権者	○	○	×	×

○：情報提供義務が発生する　／　×：情報提供義務が発生しない

第4章　保証・連帯保証・根保証のしくみ　　**145**

相談 保証契約の無効、取消しができる場合

Case 子どもが印鑑を無断で持ち出して、親を保証人とする結んだ保証契約を無効にすることは可能でしょうか。また、その他に保証契約の取消しを主張することができるのは、どのような場合がありますか。

回答 本ケースは、子どもＡが自らの債務を親Ｂに保証させるため、勝手にＢの印鑑を持ち出し、保証契約書にＢの氏名を署名して押印したような場合です。この場合、ＢにはＡの債務を保証する意思はなく、ＢはＡに対して保証契約を締結する代理権を与えていたわけではありませんから、Ａの行為は「無権代理」となり、無権代理人であるＡが締結した保証契約も無効となるのが原則です。

　しかし、保証契約の有効性が訴訟で争われると、保証契約書（私文書）にＢの印鑑が押されている以上、Ｂの意思に基づいて押印されたものであると推定され、保証契約書にＢの押印があるときは、その契約書はＢの意思に基づいて作成されたと推定されてしまいます（これを「二段の推定」といいます）。この推定を覆すには、Ｂの意思に基づいて保証契約書が作成されたわけではないことを、Ｂ自身が立証していく必要があります。立証方法としては、署名の筆跡鑑定や、Ａに事実を証言させることなどが考えられます。しかし、推定を覆すことができずに、保証契約が有効と判断されることも少なくありません。

　他方、Ｂ（親）がＡ（子ども）に印鑑を預けていた場合はどうなるでしょうか。たとえば、Ａの賃貸借契約をＢが保証するため、Ｂが実印をＡに預けていたところ、Ａが実印を悪用して、Ｂを自らの借金の保証人とする保証契約を締結したケースです。

　この場合、Ｂに保証意思がなくても、保証契約は有効とされる可能性が高くなります。これは「権限外の行為による表見代理」と呼ばれるもので、ＢがＡに与えた権限（賃貸借契約の保証契約の代理）を超

える行為をAがしたとしても、Aを信頼して実印まで預けたという点にBの落ち度を認めて、相手方（債権者）がAに代理権があると過失なく信じた場合は、Aの代理行為は有効なものと扱われます。その結果として、Bに保証契約の効果が帰属し、Bは身に覚えのない保証債務を背負わされることになります。家族であっても、実印などの貴重品は預けっぱなしにせず、慎重に管理する必要があります。

　次に、保証契約を取り消せる場合としては、①思い違いで保証人となった場合（錯誤）、②脅されて保証人となった場合（強迫）、③債権者に騙された場合（詐欺）、④債務者に騙されて保証人となったことを債権者も知っていた場合（第三者による詐欺）などが考えられます。ここでは、問題となることが多いとされる、①錯誤に基づく取消しについて見ていきましょう。

　保証における錯誤とは、保証契約の重要事項（法律行為の要素）について思い違いをしたことをいい、一般的に見てもそのような思い違いがなければ保証人を引き受けなかったといえる場合は、保証契約を取り消すことができます。平成29年の民法改正によって、錯誤は無効事由から取消事由に変わっています。

　保証契約においては、借主や借入金額などが重要事項とされますので、これらに思い違いがあった場合は、錯誤を理由として保証契約の取消しを主張することができます。たとえば、債務額が100万円だと思っていたのに実際は1000万円だった場合は、そのような思い違いがなければ保証人を引き受けなかったと一般的に考えられるため、錯誤による取消しを主張できるというわけです。一方、債権者が誰であるか、債務者の資力、他に保証人がいるか否かは、保証契約の重要事項とはされていませんので、これらに思い違いがあっても、保証契約の取消しを主張できないのが原則です。なお、保証契約の重要事項に思い違いがあるとしても、それが保証人の重大な不注意（重過失）によるときは、保証契約の取消しを主張することができなくなります。

第4章　保証・連帯保証・根保証のしくみ　147

さらに、平成29年の民法改正によって、債務者が、保証人に対して、自らの財産状況や負債状況などの事項に関する情報提供を怠った、あるいは不実の情報を提供した場合は、一定の要件の下で、保証人に保証契約の取消権が認められています（142ページ）。

相談 消費者契約法による保証契約の取消し

Case 事業者が重要事項について事実と異なる説明をしたため、その説明に基づき、知人の債務について保証人になる契約を結んでしまいました。このような場合に、消費者契約法により保証契約を取り消すことはできますか。

回答 消費者契約法は、事業者と消費者との間に情報の質や量、交渉力に格差があることから、事業者の不適切な勧誘により消費者が誤認あるいは困惑して契約をした場合には、消費者に取消権を認めて、消費者の利益を保護することを目的としています。

　消費者契約法にいう「消費者」とは、事業を行っていない個人のことで、個人事業主は事業と関係なく契約の当事者となる場合には「消費者」に含まれます。他方、「事業者」とは、法人その他の団体の他、個人事業主が事業のために契約の当事者となる場合も含まれます。

　消費者契約法は、労働契約を除き、事業者と消費者との間で取り交わされるすべての契約（消費者契約）について適用されます。そのため、保証契約も事業者と消費者との間で締結されたものであれば、消費者契約法の適用を受けることになります。たとえば、個人事業主が知人の債務を保証することは、事業のためにする行為ではないので、消費者契約法の適用を受けます。これに対し、個人が共同事業主であった場合は、保証契約は事業のために締結したと認められるケースも多く、その場合は消費者契約法の適用はありません。

では、消費者契約法による取消しが認められるのは、どのような場合でしょうか。消費者契約法は、事業者の不適切な勧誘として、①重要事項について事実と異なることを言う（不実告知）、②不確実なことを断定的に言う（断定的判断の提供）、③重要事項について消費者に利益になる事だけを言い、不利益になることを故意に言わない（不利益事実の不告知）、④帰れと言ったのに帰らない（不退去）、⑤帰りたいと言ったのに帰してくれない（退去妨害・監禁）を挙げています。

　そして、事業者が消費者契約の締結につき勧誘するに際し、上記の行為をしたことにより、消費者が誤認あるいは困惑して契約をした場合は、誤認に気がついた時、もしくは困惑状態から回復した時から1年以内（平成29年に施行された消費者契約法改正により、6か月から1年に延長されました）、または契約時から5年以内であれば、当該契約を取り消すことができます。

　消費者契約法は、民法の錯誤・詐欺・強迫の成立要件を緩和し、より広い範囲で消費者に取消権を認めているのが特徴ですが、取消権を行使できる期間が原則1年と短く、不利益事実の不告知では消費者側に事業者の故意を立証する責任を負わせていることなどから、消費者保護として十分であるかは疑問の余地が残るところです。

　もっとも、消費者契約法上の取消権の行使期間を経過しても、民法上の錯誤・詐欺・強迫による取消権は、時効消滅していない限り、これらを行使することは妨げられません。

　なお、債務者から頼まれて保証人になったとしても、本ケースの保証契約の当事者は事業者とあなたですから「消費者契約」に該当し、消費者契約が適用されます。しかし、事業者（債権者）から保証契約を勧誘したことが考えにくいので、消費者契約法上の取消権は行使できないと思われます。この場合は、民法上の錯誤・詐欺・強迫による取消しを主張していくことになりますが、認められるためのハードルは高いといえます。一度専門家に相談してみるとよいでしょう。

第4章　保証・連帯保証・根保証のしくみ

相談 だまされて保証人になった

Case 私は、知人から金融機関からお金を借りるので保証人になってくれないかと頼まれました。知人が言うには、私の他にも会社を経営している兄を保証人につけるから、絶対に迷惑はかけないということなので、保証人を引き受けました。ところが、後日、知人の兄は保証人にはなっておらず、私一人が保証人となっていることがわかりました。知人の兄が保証人になっていることを条件に保証人を引き受けているので、保証人をやめることはできないでしょうか。

回答 債務者が保証人をだまして保証契約を締結させた（第三者による詐欺）としても、あくまで保証契約は保証人と債権者との間で交わされる契約なので、債務者（第三者）が保証人をだました事実について債権者（相手方）が善意かつ無過失であるときは、保証契約を取り消すことはできません。本ケースでも債権者が債務者による詐欺の事実を知らず（善意）、知らないことにつき過失がない（無過失）場合は、債務者（知人）の詐欺による保証契約の取消しは認められません。

そこで、錯誤による保証契約の取消しを主張できないかを検討することになります。保証において錯誤による取消しが認められるには、保証契約の重要事項に錯誤があることが必要です。重要事項の錯誤とは、一般的に見てもそのような思い違いがなければ保証人を引き受けなかった場合をいい、この場合には保証契約の取消しができます。

ここで問題となるのは、他の保証人の有無が保証契約の重要事項といえるかです。判例は、他に保証人がいるか否かは、保証人を引き受けるかどうかを考慮する際の理由、つまり動機にしかならず、保証契約の重要事項とまではいえないとしています。したがって、他に保証人がいると信じて保証契約を締結したとしても、それは単に動機の錯誤にしかすぎず、保証契約の取消しを主張できないのが原則です。た

だし、動機が外部に表示された場合は、その動機が重要事項となって取消しの主張が認められる可能性があります。

本ケースでも、債権者との間で「債務者の兄が保証人になっていることを条件に保証人を引き受ける」ことを明確にしていた場合は、錯誤による取消しを主張できる余地があります。

相談　債権譲渡で債権者が代わった場合の法律関係

Case　私は知人が銀行から借入れをする際に、連帯保証人になったのですが、最近、銀行から債権を譲り受けたという債権回収会社から知人の代わりに支払うよう請求がありました。私は債権者の変更について全く聞かされていなかったのですが、このような場合にも支払をしなければならないのでしょうか。

回答　債権回収会社とは、銀行などの金融機関から長期間滞納されている不良債権を買い取り、債務者や保証人から回収する会社のことで、サービサーとも呼ばれています。金融機関は不良債権をサービサーに買い取ってもらうことでスムーズに損金処理ができ、またサービサーとしても通常よりも廉価で債権を取得できるので、サービサーへの債権譲渡は広く行われています。

債権譲渡により債権者が変わった場合、譲渡人である銀行は、債務者（知人）に対し債権譲渡があった旨を通知するか、もしくは債務者が債権譲渡を承諾する必要があります。この通知あるいは承諾がなければ、譲受人（サービサー）は、自己が債権者であることを主張できないとされています。債務者への譲渡通知は、債権譲渡後に譲渡人がしなければならず、債権譲渡前の譲渡通知や譲受人からの譲渡通知は無効です。これに対し、債務者による承諾の相手方は、譲渡人または譲受人のいずれにしてもよく、また債権譲渡前であっても有効とされ

第4章　保証・連帯保証・根保証のしくみ　151

ます。そして、保証債務は主たる債務が移転すると、それに伴って移転する性質がある（随伴性）ことから、主たる債務者に対して債権譲渡の通知がなされた場合は、保証人に対しても債権譲渡があったことを主張できます。

　本ケースでも、保証人に対して債権譲渡の事実が通知されていないとしても、譲渡人から債務者への譲渡通知（あるいは債務者からの承諾）があれば、保証人はサービサーからの請求を拒むことができません。よって、まず債務者に債権譲渡の通知または債務者からの承諾があったか否かを確認する必要があります。債務者への通知・承諾がなければ、保証人はサービサーに対し保証債務を返済する必要はなく、通知・承諾があれば、保証人はサービサーに返済する義務が生じます。

　なお、債権譲渡に対して債務者が何ら異議を述べることなく承諾している場合であっても、主たる債務が無効であったり、取消しや解除により消滅していたり、あるいは弁済や時効により消滅していた場合には、これにより保証人の責任を加重すべきではないことから、保証人は責任を負わないとするのが判例の立場です。

　これに対し、債務者は、異議をとどめない承諾（債務者が特に不服を申し立てず、全面的に債権譲渡の事実を認めること）によって、譲渡人に主張できた上記の事項（これを抗弁といいます）を譲受人に主張できないとされています。債権譲渡を承諾するだけで抗弁権がすべて奪われてしまうのは、債務者があまりに酷であることから、平成29年の民法改正により、異議をとどめない承諾の規定は削除されます。民法改正の施行後は、債務者は、異議をとどめない承諾をしても、譲渡人に主張できた上記の事項を譲受人に主張できることになります。

　なお、上記のような事情がなく、サービサーからの請求を保証人が拒めないときは、サービサーが通常よりも廉価で債権を購入している点を考慮して、弁護士や認定司法書士などの専門家に相談して、交渉により支払金額を減額できる可能性を探るとよいでしょう。

6 連帯保証について知っておこう

主たる債務者や連帯保証人のいずれに対しても、直ちに履行の請求ができる

● 連帯保証債務とは

　保証人には、催告の抗弁と検索の抗弁が認められますが、債権者の立場からすると、このような手続きをすることは時間と費用がかかり面倒なものですから、必ずしも便利なものではありません。つまり、普通の保証では、第一次的に責任を負うのは主たる債務者であって、保証人の責任は副次的なものです。そこで、これらの抗弁権を保証人が主張できない（補充性がない）保証債務が利用されています。これを**連帯保証債務**といいます。

　実際に締結される保証契約のほとんどが連帯保証です。頼まれて保証人になったら、主たる債務者が夜逃げをしてしまってひどい目にあったという話を聞きますが、これは連帯保証の場合がほとんどです。

　連帯保証の場合、催告の抗弁と検索の抗弁が認められないので、保証人に対して有無を言わさず保証債務の履行を請求することができます。そのため、取引社会では単なる保証ではなく、連帯保証が利用されることがほとんどなのです。

● 保証人が複数いる場合

　人的担保を設定しようとする場合、保証人の数に制限はありません。そのため、100万円の貸金債権に2人の保証人を立てることも認められます。ただ、保証人を複数人立てた場合には、連帯保証とした場合を除き、債権者は各保証人に100万円全額請求することはできなくなり、保証人の人数で按分した50万円しか請求できない点には注意が必要です（これを保証人の立場からは分別の利益と呼びます）。

これは債権者にとっては不都合であるため、通常は各保証人に全額請求できる連帯保証が利用されています。

● 連帯保証人について生じた事由の効力

①主たる債務者が債権者に対して有する債権で主たる債務を相殺した場合、②主たる債務者たる会社と債権者たる会社が合併した場合（混同）、③債権者ＡのＢに対する債権を消滅させ、新たに第三者ＣのＢに対する債権を発生させる場合（更改）、④債権者が主たる債務を免除した場合（免除）などは、主たる債務は消滅し、これに伴い保証債務も消滅します。また、⑤債権者が主たる債務者に訴訟を提起すれば、履行の請求として時効の完成猶予や更新の効力が生じますので（43ページ）、これにより保証債務の時効も完成猶予や更新の効力が生じます。他方、⑥主たる債務の時効が完成すれば、主たる債務は時効消滅しますので、保証人は、主たる債務の時効を主張（援用）して、自らの保証債務も消滅させることができます。

このように主たる債務者に生じた事由（履行の請求、更改、相殺、免除、混同、時効の完成）は、連帯保証人にも同じように影響を及ぼします。これを絶対的効力（絶対効）といいます。絶対的効力という言葉の意味は、ある事実が発生したことについて、その効力がその法律関係の当事者間のみではなく、対外的にも効力を持ち、第三者に対しても、その法的効果が意味を持つということです。たとえば、主たる債務者Ｂが100万円の貸金債務を債権者Ａに対して負っている場合に、第三者Ｃが連帯保証人になっているとしましょう。その後に、100万円の貸金債務の消滅時効が完成した場合、主たる債務者Ｂは、債権者Ａに対して、時効を援用して債務を免れることができます。このとき、時効の完成という法律効果は、ＡとＢとの間のみで主張できる法律効果ではなく、第三者である連帯保証人Ｃにも効力を持つため、債権者Ａが連帯保証人Ｃに債務の履行を請求したとしても、連帯

保証人Cは、消滅時効の完成を主張して、保証債務の履行責任を免れることができるということです。

　問題は、連帯保証人に生じた事由が、主たる債務者に影響を及ぼすかどうかです。改正前民法の下では、連帯保証人が債権者に対して有する債権をもって相殺した場合、あるいは連帯保証人が債権者を相続した場合（混同）には、保証債務は消滅し、主たる債務も消滅するとしていました。また、連帯保証人が訴訟を提起された場合は、履行の請求によって保証債務の時効は更新（改正前民法の下での時効の中断のことです）され、履行の請求の絶対的効力によって主たる債務の時効も更新（中断）するとしていました。

　しかし、平成29年の民法改正によって、訴訟提起などの履行の請求は、相対的効力（相対効）にとどめられます。つまり、連帯保証人が履行の請求を受けても、主たる債務の時効の完成猶予や更新の効力は生じないというわけです。したがって、連帯保証人に生じた事由は、更改、相殺、混同が主たる債務者に影響を及ぼし（絶対的効力）、それ以外の事由は影響を及ぼしません（相対的効力）。たとえば、連帯保証人に対して履行請求をしたことによる時効更新の効果は、債権者と連帯保証人との間でのみ効果を持つということです。

■ 連帯保証人と主債務者に生じた事由の効力 ……………………

事由	主債務者に生じた場合	連帯保証人に生じた場合
履行の請求※	絶対的効力	相対的効力
更改	絶対的効力	絶対的効力
相殺	絶対的効力	絶対的効力
免除	絶対的効力	相対的効力
混同	絶対的効力	絶対的効力
時効の完成	絶対的効力	相対的効力

※履行の請求による時効中断も含む

相談 連帯保証と連帯債務とはどう違う

Case 住宅ローン（2000万円）を組んで家を購入しようと銀行に融資を依頼したところ、夫の給料だけではローンが通らないので、妻である私が連帯債務者になるよう言われました。連帯債務者と連帯保証人は何が違うのでしょうか。

回答 連帯債務とは、同一の債務について数名の債務者が各自独立に債務を負担することをいいます。連帯保証が債務者と保証人が連帯して債務を負担するのに対し、連帯債務は複数の債務者が連帯して債務を負担します。いずれも複数の人間が連帯して債務を負担する（全額の支払責任を負う）ことになるので、担保としての機能を有します。つまり連帯債務も連帯保証も債権者にとって有利な制度といえます。

ただし、連帯保証は、主たる債務と保証債務が主従関係にあるため、主たる債務に無効や取消し原因があれば、付従性により保証債務も消滅します。

これに対し、連帯債務では、各債務者は独立して債務を負担するため、各債務の間に主従関係はなく、債務者の一人に無効や取消し原因があっても、他の債務者に影響を及ぼしません。たとえば、債務者の一人が認知症を理由に契約を取り消しても、他の債務者に同様の事情がない限り、その者の債務は消滅せず、全額返済する義務があります。

また、連帯保証では保証人が弁済をすれば、主たる債務者に対して全額返済するよう請求することができます。連帯保証はあくまでも保証であるため、保証人には負担部分がないからです。

これに対し、連帯債務では、債務者間で最終的にいくらずつ負担するか（負担部分）について合意がない限り、負担部分は均等とみなされるので、たとえ債務者の一人が全額弁済をしても、他の債務者に対して全額を支払うよう請求することはできません。

本ケースは連帯債務なので、負担部分を決めていなかった場合は、夫と妻の負担部分が1000万ずつになります。仮に妻が2000万円全額を銀行に弁済しても、夫に請求できるのは1000万円にとどまります。妻が最終的に一円も負担したくない場合は、夫との話し合いで負担部分を夫2000万円、妻０円と決めておく必要があるというわけです。

　連帯債務は、当事者間の合意により成立する他、法律の規定により発生する場合があります。代表的なものが日常家事債務で、家具の購入やマンションの賃貸借契約の締結など夫婦の一方が日常家事の範囲で債務を負担する場合は、他方の配偶者も連帯して債務を負うことが定められています。

相談　連帯保証人がいる場合どんな方法で債権回収をすればよいか

Case　私は、Ａに1000万円を貸し付けていますが、この貸付にはＢが連帯保証人になっています。Ａは、会社員ですが、Ｂにはかなりの資産があります。返済期限が到来しても、Ａは一向に返済しようとしません。この場合、どのようにして回収すればよいでしょうか。

回答　貸金回収の基本手順は、まず直接請求ですが、あなたの場合、ＡとＢに対して支払を請求できます。Ｂが支払わない場合、支払督促や訴訟といった法的手段を講じて、確定判決や仮執行宣言付支払督促などの債務名義を得ます。債務名義があると強制執行の申立てが可能になります（83ページ）。ここまでを前提として、あなたのケースを具体的に考えてみると次のようになります。

　債務者本人であるＡからの回収手段ですが、Ａが会社員である点に注目します。「債務名義」に基づいて、Ａの給料を差し押さえます。給料は原則として４分の１まで差押えが可能です（113ページ）。給料は継続して支給されますので、差押えを継続するとそれなりの金額が

第４章　保証・連帯保証・根保証のしくみ　**157**

回収できます。次に、連帯保証人からの回収を考えます。

　もっとも、債権回収の順番は問題でなく、先に連帯保証人から回収に取りかかることも可能です。Bに不動産があれば、「債務名義」に基づいて不動産を差し押さえて競売し、その売却代金から貸付金の回収をします。また、多額の銀行預金などがある場合には、それを差し押さえて、債権者が直接取り立てることにより、債権の回収を図ることも可能です。ただ、いずれも債務名義が必要で、裁判の時間と費用がかかります。そこで、事前に執行認諾文言付の公正証書（執行証書）を作成しておくと、執行証書が債務名義になり、迅速な回収が可能となります。

相談　連帯保証人の資力の有無

Case　賃貸借契約の連帯保証人になってもらえる人が70歳を過ぎている年金生活者の両親しかいないのですが、年金生活者でも保証人の審査に通る可能性はあるのでしょうか。審査基準を満たさない場合に保証会社を利用することになるようなのですが、どの程度の負担をしなければならないのでしょうか。

回答　民法上は、法律または契約の定めによって保証人を立てる義務がある場合、保証人は行為能力があり、かつ弁済資力のあることが要件となります。そのため、賃貸借契約の連帯保証人についても弁済資力があることを契約条件とすることができます。つまり滞納した家賃を肩代わりできるだけの資力を連帯保証人に求めることが可能です。

　一般的に、賃貸借契約の連帯保証人に要求される基準は、①親族であること、②滞納分の家賃を肩代わりできるだけの安定した収入があること、③常に連絡が取れること、とされています。年金収入者である両親を連帯保証人に立てる場合、②の要件を満たさない可能性があ

158

ります。ただ、連帯保証人の基準は管理会社ごとに異なるため、年金収入者であるから連帯保証人にはなれないとは一概には言えません。

　また、年金収入しかなくても、持ち家などを所有している場合は、資力があるとみなされる可能性があります。逆に給与所得を得ていても、収入が少ない、収入が安定しないなどの理由で連帯保証人としては認められないこともあります。一度、管理会社に相談してみるとよいでしょう。

　ご両親が連帯保証人の要件を満たさず、保証会社を利用する場合は、初回保証料と更新料がかかります。初回保証料は、保証会社により金額が異なりますが、1か月分の家賃と共益費を基準に、その30％〜70％程度で設定されているものがほとんどです。たとえば、1か月分の家賃5万円、共益費1万円の部屋を借りるときに初回保証料を50％と設定している保証会社を利用した場合、3万円を初回保証料として保証会社に支払う必要があります。更新料についても保証会社によって設定が異なります。1年ごとに1万円程度で設定している保証会社もありますが、中には毎月更新料が必要となる保証会社もありますので、契約時によく確認しておくようにしましょう。

　なお、保証会社はあくまでも滞納した家賃を立て替えて賃貸人に支払うサービスを提供する会社であるため、保証会社が立て替えた分は、賃借人に請求されます。

相談　連帯保証人がいるのに保証会社をつける場合

Case　賃貸物件を借りる際に、連帯保証人がいるのに、それに加えて保証会社の利用も求められました。負担が大きいように思うのですが、このようなことはよくあることなのでしょうか。

回答　賃借人の連帯保証人になるには、①親族であること、②賃借人が家賃を滞納した場合に家賃を肩代わりできるだけの安定した収入

第4章　保証・連帯保証・根保証のしくみ　159

があること、③すぐに連絡が取れることが、一般的な基準とされています。そのため、連帯保証人が、親族ではなく友人や会社の上司であった場合や、親族であっても一定収入がない場合等は、賃貸人は家賃を確実に回収するため、連帯保証人に加え、保証会社の利用を条件とする場合があります。保証会社としても、連帯保証人がいれば、立て替えた家賃を回収しやすくなるというメリットがあります。

保証会社は、賃借人が家賃を滞納した場合に、家賃を立て替えて賃貸人に支払ってくれますが、後から立て替え分は賃借人から回収します。このとき賃借人が支払いに応じなくても、連帯保証人がいれば、その者に請求し、立て替え分を回収することができるというわけです。

また、近年では、連帯保証人とは別に保証会社への加入を必須要件としている賃貸物件もあります。保証会社は、滞納家賃の支払いといった家賃保証だけでなく、賃貸物件の明け渡しや、原状回復費用まで保証してくれます。そのため、賃借人が保証会社に加入していれば、賃貸人は、滞納家賃の取立てや、物件の明け渡し訴訟などの煩雑な手続きに追われることなく、家賃や原状回復費用を確実に回収できるため、保証会社の加入を必須要件とする賃貸物件が増えています。

相談 離婚した場合に連帯保証人をやめることはできないのか

Case マイホームの購入の際に、夫名義で住宅ローンを組み、妻である私が連帯保証人になりましたが、このたび離婚することが決まり、連帯保証人を辞めたいと思っているのですが、よい方法はありませんか。

回答 離婚に際して、住宅ローンは大きな問題となります。特に妻が住宅ローンの連帯保証人や連帯債務者になっている場合は、たとえ自宅を取得できたとしても離婚に伴って自宅を去った夫が残りの住宅ローンを支払ってくれるとの確証はありません。もし、夫がローンの

160

支払いをやめてしまえば、連帯保証人（連帯債務者）である妻が残りの住宅ローンの支払いを背負うことになり、支払えなければ、自宅が競売にかけられ、それでもなお債務が残って支払不能の状態に陥っていれば、自己破産をしなければならなくなります。

　また夫婦間で住宅ローンの返済は夫がするとの合意が得られても、それを債権者に主張することはできません。どうしても連帯保証人から外れたい場合は、債権者と交渉して、債権者に承諾してもらわなければなりません。連帯保証人から外れることに債権者が承諾すれば、保証契約を合意解除することができます。しかし、住宅ローンは高額な債権であり、連帯保証人は、その債権を確実に回収するための大切な担保ですから、単に連帯保証人から外れたいといっても、これを債権者が無条件で承諾するとは思えません。どうしても連帯保証人を辞めたい場合は、あなたと同程度、あるいはそれ以上の資力のある人を新たな連帯保証人として立てる必要があります。

　代わりの保証人が見つからなかったり、債権者の承諾が得られなかった場合や、夫が返済を続けるとの確証が得られない場合などは、自宅を任意売却して、売却金額で住宅ローンを返済するという方法も考えられます（101ページ）。

　任意売却とは、債権者などの関係者から同意を得て、不動産を売却することで、通常の不動産売買と大差はありません。競売よりも高値で売却できるというメリットがあります。不動産の価値よりも住宅ローンの残債が大きい場合（いわゆるオーバーローンの場合）は、債務が残ってしまいますが、競売にかけるよりも残債務の額を少なくすることができます。住宅ローンがどうしても支払えないような場合は、競売にかけられるよりも前に、任意売却を検討するのが得策です。

第4章　保証・連帯保証・根保証のしくみ　　161

7 物上保証のしくみや保証との違いについて知っておこう

第三者の債務のために担保となる財産を提供するのが物上保証

● 物上保証とは

　債務者が債務を履行しない場合に、債権を確実に回収する手段となるのが担保です。担保には保証人などの人的担保と抵当権などの物的担保があります。人的担保では、債務者が支払不能に陥れば、第三者に請求して債権の回収を図ります。第三者が履行しない場合は、第三者の財産を差し押さえ、競売により強制的に換価した上で、これを債務の返済にあてるというしくみです。

　これに対し、物的担保では、債務者もしくは第三者が所有する財産（主に不動産）に抵当権などの担保権を設定し、債務者が支払わなければ、担保権を実行して債権を優先的に回収することになります。

　抵当権の担保として提供される財産は債務者の所有である必要はなく、第三者の財産であってもかまいません。第三者が他人の債務のために担保となる財産を提供することを**物上保証**といい、担保を提供する人を「物上保証人」といいます。

　具体例で見ていきましょう。債務者Aが、Bから事業資金3000万円の融資を受けるため、Aの父親Cが所有する時価2000万円の不動産（乙土地）に抵当権を設定しました。このとき父親Cが物上保証人にあたります（次ページ図）。Aが返済を怠れば、抵当権が実行され、Cの不動産は競売にかけられます。つまり、物上保証では、担保に提供した第三者の財産が、他人の債務の弁済に利用されるわけです。ただし、物上保証人は債務者の債務を返済する義務を負うわけではないので、担保に提供した財産以外の財産から回収されることはありません。先の例でも、不動産が競売されれば物上保証人であるCの責任は

消滅するので、その後に残された1000万円の返済についてＣは何ら責任を負うことはありません。

● 保証人とはどう違うのか

物上保証人は、あくまでも担保を提供するだけで、債務を負っているわけではありません。担保に提供した財産を失えば、物上保証人の責任も消滅することになります。これに対して、保証人は保証債務という債務を負っていることから、主たる債務が消滅しない限り、すべての財産でもって弁済する義務を負うことになります。

つまり、物上保証人の責任は、担保に提供した特定財産のみにとどまる有限責任であるのに対し、保証人の責任は、自らが所有するすべての財産におよぶ無限責任である点が大きな違いといえます。

なお、物上保証人も保証人と同様、自らの財産をもって債務を弁済した場合は、債務者に対し求償権を獲得します。ただし、債務者から頼まれて物上保証人になったとしても、委託を受けた保証人のようにあらかじめ求償権を行使すること（事前求償権）までは認められないとするのが判例です。

■ 物上保証とは

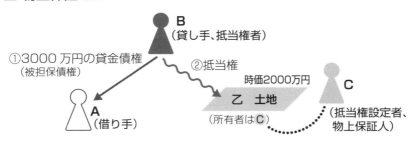

8 保証人が支払った場合の法律関係について知っておこう

求償権を取得し、債権者が有する権利が保証人に移転する

● 代わりに支払った場合には誰にどんな権利が発生するのか

　主たる債務者に代わり債権者に対して債務を弁済した保証人は、主たる債務者に対して、肩代わりした金銭を返せと請求することができます。この返せという権利を**求償権**といいます。

　求償権は、保証人が契約で定めた通りの弁済だけでなく、自己所有の財産で弁済（代物弁済）したり、債権者に対して有する債権で相殺することによって、主たる債務を消滅させた場合も発生します。

　求償権の範囲は、主たる債務者から依頼を受けて保証人になった場合（委託を受けた保証人）は、①弁済した金額に加えて、②弁済をした日から、主たる債務者に返済してもらう日までの法定利息（改正前は年５％、平成29年の民法改正の施行後は年３％）、③弁済のために回避することのできなかった費用その他の損害の賠償まで請求することができます。

　これに対し、委託を受けていない保証人の場合は、その保証が主たる債務者の意思に反しなければ「債務者が弁済当時に利益を受けた限度」で、主たる債務者の意思に反していれば「債務者が現に利益を受けている限度」であるとして、求償権の範囲が制限されています。

　保証人の求償権は、保証人が債権者に対する債務を消滅させたときに発生するのが原則ですが、一定の要件を満たせば、債務を弁済する前であっても、保証人は主たる債務者に対して求償権を行使することができます。これを事前求償権といい、平成29年の民法改正の下では、委託を受けた保証人に限り、下記の３つのいずれかの場合に認められます。

① 主たる債務者が破産手続開始の決定を受けたのに、債権者が破産した主たる債務者の財産から配当を受ける手続に加入しない
② 債務が弁済期にある
③ 保証人が過失なく債権者に弁済すべき裁判の言渡しを受けた

ただし、主たる債務者が保証人の求償権を担保するため、あらかじめ根抵当権などの担保権を設定しているときは、保証人の担保権が確保されていることから、上記のいずれに該当した場合であっても事前求償権を行使することはできません。

● 通知などが必要になる

保証人が主たる債務者に対し求償権を行使するためには、弁済の前後において、主たる債務者に通知する必要があります。

まず、保証人は債権者から請求を受けた場合は、主たる債務者にその旨を通知する義務（**事前通知義務**）があります。これは主たる債務者の弁済の機会を不当に奪うのを防止するためです。

たとえば、主たる債務者が、債権者に対し100万円の債務を負っている一方で、50万円の債権を有している場合は、債権と債務を相殺することで、100万円の債務を50万円に減らすことができます。それなのに、保証人が無断で弁済してしまうと、主たる債務者は、債権者に対して主張できる相殺という権利を行使できなくなります。そこで、保証人が事前通知義務を怠って弁済した場合、主たる債務者が相殺などによって債務を免れる分は、保証人が求償権を行使できないとされています。

次に、保証人が弁済した後も、主たる債務者に通知する義務（**事後通知義務**）があります。主たる債務者が保証人の弁済を知らずに、債権者に弁済してしまうことを防ぐためです。そのため、事後通知義務を怠ったことで、保証人の弁済を知らずに、主たる債務者が債権者に対し弁済した場合、保証人は求償権の行使ができなくなります。

第4章　保証・連帯保証・根保証のしくみ　165

● 債権者のもっていた抵当権などはどうなるのか

　保証人の弁済により主たる債務が消滅した場合は、その主たる債務を担保するために設定されていた抵当権も、付従性により消滅するはずです。しかし、保証人の求償権を確保するため、保証人が弁済しても抵当権などの担保権は消滅せず、求償権の範囲内で債権者から保証人に移転します。これを弁済による**代位（代位弁済）**といいます。

　たとえば、AがBから200万円を借り入れ、A所有の不動産に抵当権を設定するとともに、Cが保証人となったとします。このとき、保証人CがBに200万円を弁済すると、Cは、Aに対し求償権を取得するとともに、その求償権を確保するため、Bの有していた抵当権がCに移転します。つまり、保証人Cは、自らの求償権を行使して、Aに対して200万円の返済を請求してもよく、債権者Bに代位して抵当権を実行し、競売代金から200万円を回収してもよく、保証人は自由に選択することができます。

　なお、代位弁済においては、抵当権などの担保権だけでなく、履行請求権や債権の保全のための債権者代位権など、債務者との関係で債権者が有していた一切の権利が保証人へ移転します。

● 代位弁済を行使するには

　代位弁済には、弁済をする正当な利益を有する者が弁済した時に債権者に代位する法定代位と、それ以外の者が弁済した時に債権者に代位する任意代位とがあります。保証人は弁済をしなければ債権者から執行を受ける地位にあるため、弁済をする正当な利益がある法定代位になります。したがって、保証人が債権者に弁済したことで主たる債務が消滅し、事前事後の通知により主たる債務者に対し求償権を取得した場合は、求償権の範囲内で債権者に代位して抵当権を実行し、競売代金から自己の求償権を回収することができます。

◉ 一部弁済とは

　債権の一部を弁済することを**一部弁済**といいます。たとえば、Aの
Bに対する100万円の借金をCが保証した場合に、CがBに対して50
万円を弁済すると、Cは、Aに対して求償権を取得し、弁済した50万
円分の債権について当然に債権者に代位します。

◉ 一部弁済の代位の方法

　保証人が債権の一部を弁済した場合、保証人は、弁済した価額に応
じて、債権者とともにその権利を行使するとされています。

　では、抵当権が設定された債権を一部だけ弁済した保証人（一部代
位者）は、単独で抵当権等の担保権を実行できるのでしょうか。一部
代位者が単独で抵当権を実行できるとした古い判例もありますが、今
日では一部代位者は債権者と共同でしか抵当権を実行できないとする
見解が一般的です。平成29年の民法改正でも、上記の判例の考え方は
採用せずに、一部代位者は単独では抵当権等の担保権を実行できない
としています。

　また、弁済による代位は、債務者に対して取得する求償権を確保す
るための制度であり、そのために債権者が不利益を被ることは予定し
ていないことから、抵当権が実行されたときは、その配当についても
債権者が優先し、債権者が配当を受けた後でなお残りがあった場合に
限り、一部代位者は配当を受けることができるとするのが判例です。

　実務上も、銀行などの金融機関では、保証契約の締結に際し、債権
者の同意がない限り、一部弁済による代位権を行使できない旨の特約
がなされるのが一般的です。そのため、一部弁済により代位した保証
人は、特約によって単独で抵当権を実行することが制限され、仮に単
独で実行することができても、判例により配当においては債権者に劣
後するという地位に置かれることになります。

第4章　保証・連帯保証・根保証のしくみ　167

複数の保証人がいる場合の求償関係について知っておこう

通常保証と連帯保証では、他の保証人に求償できる場合が異なる

● 一部を負担してもらうことはできるのか

　同一の債務について複数人が保証債務を負担する共同保証では、各保証人は、債権者に対して平等の割合でもって分割された額についてのみ保証債務を負担することになります（これを**分別の利益**といいます）。しかし、連帯保証人が複数人いる場合は、連帯保証には分別の利益が認められていないことから、各連帯保証人は、債権者に対して全額弁済する義務があります。ただし、連帯保証人には最終的な負担部分はないことから、連帯保証人の一人が弁済した場合は、主たる債務者に全額を求償できます。それだけでなく、他の連帯保証人に対しては、負担部分を超えて支払った場合に、その負担額を超える額について求償することができます。そして連帯保証人間の負担部分は、特約がない限り平等と考えられています。具体例で見てみましょう。

　AがBから700万円の融資を受ける際に、CとDが連帯保証人となりました。Aが履行しないことからBはCに対し700万円の支払いを請求し、Cは全額を弁済しました。このとき、CはAに対し700万円全額を求償でき、Dに対しては350万円を求償することができます。また、DがCに350万円を支払った場合には、DはAに対し肩代わりした350万円を返せと求償することができます。

　これに対し、CがBに弁済した額が350万円であった場合はどうでしょうか。CはAに350万円を求償できますが、Dに対しては一円も求償することはできません。連帯保証の場合、他の連帯保証人に求償することができるのは「負担部分を超えたとき」に限定されているからです。前述のケースでは、Cの負担部分は350万円であり、CのB

に対する弁済額が350万円を超えない限り、他の連帯保証人であるD
に求償することはできないからです。

　このように、連帯保証では連帯保証人の一人が自己の負担額を超え
て弁済した場合に限り、他の連帯保証人に対して、負担額を超えた額
についての求償ができます。

　なお、通常の共同保証では、原則として頭数に応じて平等に負担額
につき責任を負うことになります（分別の利益）。前述のケースでC
Dが共同保証の場合、Cは自己の負担額350万円を弁済しただけです
ので、他の保証人であるDに対して求償することはできません。Dに
対して求償できるのは、Cが自己の負担額を超える額を弁済した場合
です。

◉ 保証人と物上保証人がいる場合

　たとえば、300万円の債務につき、保証人A、物上保証人B・C
（それぞれの担保不動産の額は150万円と50万円）がいるとき、Aが
300万円を弁済した場合、BとCに対しそれぞれいくら求償すること
ができるのでしょうか。

　まず、保証人と物上保証人の頭数で、それぞれ保証人が負担する総
額と物上保証人が負担する総額を算出します。保証人・物上保証人の
総数が3名であることから、保証人Aが負担する金額は300万円÷3
人=100万円となり、物上保証人B・Cが負担する総額は200万円とな
ります。そのため、Aは自己の負担額100万円を控除した200万円につ
いてBとCに求償でき、その求償権を確保するため、債権者に代位し
てBとC所有の不動産に設定された抵当権を実行することができます。

　次に、物上保証人であるBとCがそれぞれ負担する額を算出します。
BとCの負担する200万円はそれぞれの不動産の価格の割合に応じて
負担することになるので、Bについては150万円、Cについては50万
円の範囲でAは債権者に代位することになります。

第4章　保証・連帯保証・根保証のしくみ　　169

相 談 連帯保証人が債務を支払う場合

Case 　私は友人AがB銀行から事業資金200万円を借り入れる際に、友人に頼まれて連帯保証人になりました。その後Aは、資金繰りがうまくいかず、事業を廃止、B銀行への返済も滞っていたため、Bからの請求を受けて私が代わりに200万円を返済しました。私が支払った200万円をAに返済するよう請求することはできますか。

回 答 　連帯保証人が債務者に代わり債務を弁済した場合、弁済した金額の返還を債務者に対して請求することができます。これを求償権といいます。求償権の範囲は、委託を受けた保証人の場合には、①弁済した金額に加えて、②弁済した日から債務者が支払うまでの法定利息（民法改正施行時に年３％となります）、③弁済のために回避することのできなかった費用及び損害とされています（162ページ）。

　設例で言えば、①保証人がB銀行に支払った200万円だけでなく、②Bへの支払日からAに完済してもらう日までの法定利息、③Bへの返済のために店舗に出向いた際の交通費なども合わせて請求することができます。ただし、以下の事由がある場合は、求償権の行使が制限されることがあります。まず、保証人が弁済する場合、債権者から請求を受けたことを事前に債務者に通知する必要があります。債務者が債権者に対して支払いを拒否できる事情が生じる場合があるためです。そして、事前通知を怠った保証人は、債務者が相殺などによって債務を免れることができる分は、債務者に求償できなくなります。

　次に、保証人が弁済した場合、債務者に対して支払いが終わった旨を通知する義務があります。これは債務者が債権者に二重弁済することを防止するためのものです。保証人が事後通知を怠ったことで、債務者が保証人の弁済を知らずに二重に弁済した場合は、保証人は求償権を行使することはできません。

第5章

抵当権・根抵当権の
しくみ

1 抵当権について知っておこう

債権を担保するために、債務者の土地や建物に設定される権利

● 抵当権とは何か

　抵当権とは、貸金などの債権を担保するために、債務者または第三者（抵当権設定者）の不動産（土地や建物）に設定される権利です。債務者が債務を返済しない場合には、抵当権者（債権者）は、抵当権設定者（債務者または第三者）の土地や建物を競売し、その売却代金から債権の回収を図ります。

　抵当権には、抵当権設定後も債務者または第三者（抵当権設定者）が従来通りに抵当目的物（不動産）を使用収益することができ、そこから債務の弁済資金を得ることができるという利点があります。つまり、抵当権は占有の移転を必要とせず、抵当権設定者に目的物の使用収益権があり、抵当目的物の利用・管理に関する権限は抵当権設定者に任されています。抵当権設定者（特に債務者）が目的物を使用収益して利益をあげることで、自己の債務の返済が容易になるという経済的利点があるためです。ただし、通常の用法に従った利用からあまりにもかけ離れた場合は、抵当権侵害になる可能性もあります。

　抵当権者の側から見てみても、目的物である不動産そのものがほしいわけではなく、貸金と利息が手に入れば十分なのですから、不動産の占有まで抵当権設定者から奪う必要はありません。むしろ不動産は抵当権設定者の手元にとどめて利用させ、収益をあげさせた方が効果的だということになります。

　抵当権は担保としての機能が優れているので、担保をとる手段として実際の取引においては最もよく利用されています。

　なお、抵当権には、大きく分けて通常の抵当権と根抵当権の２種類

があります。一般に抵当権という場合は、通常の抵当権のことを指します。根抵当権は、特殊な性質を持った抵当権です（181ページ）。

●抵当権の効力

まず、抵当権の一番重要な効力が**優先弁済権**です。これは、債務者が返済しないときに、抵当権の設定された不動産を換価処分して（担保権の実行としての競売）、その代金から他の債権者に「優先して」債権の弁済を受けられるという効力です。

また、抵当権の設定登記がなされていれば、抵当権の設定された不動産を抵当権設定者が第三者に売却しても、その不動産に対する抵当権の効力は第三者に対しても及びます。

さらに、抵当権には**物上代位**という効力も認められます。これは、抵当権の目的物に代わる金銭にも抵当権の効力が及ぶというものです。

たとえば、抵当権が設定された建物が焼失したため、火災保険金が債務者（抵当権設定者）に支払われることになった場合には、抵当権者は、債務者に支払いがなされる前に火災保険金を差し押さえて、自己の債権への優先的な弁済に充てることができます。

■ 抵当権とは

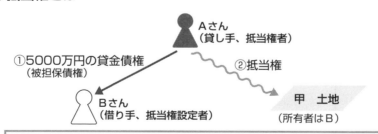

第5章 抵当権・根抵当権のしくみ

◉ 抵当権を設定する

　抵当権は、貸金債権などを担保するために設定されます。抵当権によって担保される債権のことを被担保債権といいます。

　たとえば、AがBに5000万円の貸金債権を持っているとします。これについて、抵当権を設定するには、AとBが抵当権設定契約を締結して、B所有の不動産に抵当権設定登記をします。その結果、Aは5000万円を被担保債権とする抵当権をBに対してもつことになります。

　この場合、Bが5000万円を弁済したのであれば、Aがもっていた抵当権は消滅します。以上が、原則的な抵当権の設定手順です。

◉ 共同抵当について

　共同抵当とは、1つの債権を担保するために複数の不動産に抵当権を設定することをいいます。債務者の1つの土地だけでは、債権額を担保するのに不十分な場合や、土地とその上の建物の両方に抵当権を設定する場合などに利用します。

　たとえば、AがBに5000万円の貸金債権をもっているとします。このとき、Bが所有する甲地の評価額が3500万円で、乙地の評価額が2500万円だとすれば、甲地・乙地は単独では債権の担保として金額が不足しています。しかし、甲地と乙地とに「共同抵当」を設定すれば、あわせて6000万円の評価額となり、被担保債権を担保するのに十分な金額になります。

　このように共同抵当には、複数の不動産をまとめることで、債権額に見合った担保を得ることができるというメリットがあります。また、不動産の一つが災害などで滅失・毀損した場合や、不動産の価格が下落した場合であっても、複数の不動産を担保とすることでリスクを分散できるという利点もあります。さらに、抵当権を追加で設定する場合、不動産ごとに個別に抵当権を設定するよりも、共同抵当としてまとめて抵当権を設定した方が登録免許税が安くなります。通常、抵当

権を設定する場合、債権額の4/1000が登録免許税として課税されますが、共同抵当であれば最初の申請以外は、不動産に関する権利の件数1件につき1500円に減税されます（登録免許税法13条2項）。このとき、既に抵当権が設定されていることが確認できる登記事項証明書（前登記証明書）を添付する必要があります（前の抵当不動産と管轄が同じ不動産を追加設定する場合は前登記証明書の添付を省略することができます）。

なお、債務者が返済を怠った場合は、債権者は共同抵当にある不動産を同時に、あるいは別々に競売にかけることができます。前者を同時配当、後者を異時配当といいます。

◉ 抵当権の目的物について

抵当権の目的物は、不動産以外のこともありますが（航空機、船舶など）、一般的には不動産です。そして、抵当権を設定する際には、目的不動産をどの程度の価値で評価するかが重要となります。

というのも、実際に競売されるときの競落価格が、常に抵当不動産の評価額以上とは限らないからです。たとえば、5000万円の被担保債権のために、6000万円と評価されている土地に抵当権を設定したとします。数字の上では、十分な担保権を設定したことになります。

しかし、実際の競売で競落価格が3000万円となった場合には、その限度でしか抵当権による優先的な債権回収はできません。残りの2000万円については、無担保の債権として残ってしまいます。そのため、抵当権を設定する際には、目的物となる不動産の価値を過大に評価しないように注意する必要があります。

◉ 抵当権の順位について

抵当権の順位とは、1つの不動産に複数の抵当権が設定されている場合の各抵当権に与えられる順位のことです。そして、その順位は抵

第5章　抵当権・根抵当権のしくみ　　175

当権の登記がなされた先後で決まります。この順位はとても重要です。

　というのも、１つの不動産に複数の抵当権が設定されている場合、競売がなされた際の売却代金は、抵当権の順位に従って各抵当権者に支払われるからです。これを配当といいます。

　つまり、配当の優先順位は、登記順位に従って決まるのです。

　たとえば、甲土地に第１順位の抵当権（抵当権者Ａ、被担保債権5000万円）、第２順位の抵当権（抵当権者Ｂ、被担保債権3000万円）が設定されていたとします。

　このとき、甲土地の競落価格が7000万円だとすれば、その金額は、まず第１順位の抵当権者Ａに5000万円配当され、次に残りの2000万円が第２順位の抵当権者Ｂに配当されます。しかし、Ｂの残り1000万円については、無担保の債権となります。

　以上のように、抵当権者にとっては、その不動産の評価額だけではなく、自分の抵当権の順位も極めて重要となるのです。

■ 抵当権の順位について

1000万円は無担保債権となり焦げつきのおそれ

1000万円

第２順位の
抵当権者
Ｂさんの債権額

2000万円

2000万円
だけ回収

3000万円

7000万円

5000万円

第１順位の
抵当権者
Ａさんの債権額

全額回収

甲土地の競落価格　　被担保債権額

相談 融資に際して抵当権を設定するにはどうすればよいか

Case 私は、知人Ａさんからマンション購入資金として2000万円の借金を申し込まれています。私は、2000万円を確実に回収するためにＡさんのマンションに抵当権の設定を考えていますが、抵当権の設定は単独でできるのでしょうか。具体的にはどのような手続が必要になるのでしょうか。

回答 たとえ、2000万円がマンション購入資金の融資であったとしても、マンションの所有者は購入者であるＡさんなのですから、Ａさんの同意なく、あなただけで不動産に単独で抵当権を設定することはできません。Ａさんとの合意（抵当権設定契約）が必要です。

　抵当権設定契約書は重要書類ですから、抵当権が設定される不動産の表示など記載内容には十分に注意してください。司法書士など専門家に作成を依頼するのがトラブルを防ぐ重要な手段になります。

　抵当権設定契約書を作成したら、その契約書を含めた必要書類を法務局へもっていき、抵当権設定登記をしておく必要があります。登記をしてはじめて第三者に対しても抵当権の存在を主張することができるようになるからです。契約書を作成した場合には、早めに司法書士などに登記手続きを依頼しましょう。

　なお、Ａさんが抵当権設定契約を結ぶことに合意した場合でも、抵当権の目的となるマンションが充分な担保価値をもっているかを確認する必要があります。今回のケースでＡさんは他に銀行からも融資を受けて、銀行に対して先に抵当権を設定している可能性もあります。このような場合、マンションの価値にもよりますが、2000万円を確実に回収することができないおそれもあるでしょう。価値のない物件の抵当権をもっていても意味はありません。

第5章　抵当権・根抵当権のしくみ　**177**

相 談 将来の貸金について抵当権を設定できるか

Case お金を貸す約束をし、その際抵当権の設定を受けたいと思っています。当面は一部のお金を交付し、将来残金を交付したいのですが、登記手続を二度に分けるのも不便です。現段階で、全額の抵当権設定を受けることはできるでしょうか。

回 答 抵当権は、それによって担保される債権がなければ、設定することはできません。したがって、約束すらしていない段階では、抵当権の目的となる債権がないので、抵当権の設定はできません。

　本事例では、お金を貸す約束はしているものの、一部しかお金を交付できないということです。お金の貸し借りは法律上は消費貸借契約といいますが、消費貸借契約は金銭の交付があってはじめて成立しますので（平成29年の民法改正により、書面による場合は合意だけで成立します）、残金部分については消費貸借契約が成立しておらず、抵当権の設定はできないようにも考えられます。しかし、判例はこの場合でも抵当権の設定を有効としています。つまり、分割貸付でも、全額の消費貸借契約を成立させ、全額について抵当権の設定を認めています。また、将来的に金銭を交付することで発生する貸金債権について抵当権を設定することを認めています。このように抵当権、質権などの担保権については、現在担保されるべき債権が厳密に確定していなくても、将来債権が成立する具体的な可能性があれば、その債権を保全するために、担保権を設定させることができます。

　なお、抵当権を設定しても登記をしておかなければ第三者に抵当権の存在を主張できないので注意が必要です。抵当権は他の債権者に優先して弁済（返済）を受けられるという強い効力をもっているので、登記によってその存在を明らかにし、第三者に思わぬ損害を被らせないようにするためです。

相 談　住宅ローンを組んだときの保証会社の役割

Case　最近、異業種から銀行に転職し、住宅ローンの融資担当になりました。融資というと、貸付けと引換えに抵当権を設定し、金融機関が抵当権者になるものとばかり思っていましたが、保証会社を抵当権者とするケースが多く見られます。金融機関ではなく、保証会社を抵当権者とするメリットは何でしょうか。

回 答　債務者が住宅ローン（債務）を返済しない場合、保証会社が、債務者に代わって銀行に債務を返済します。債務者に代わって返済をした保証会社は、債権者である銀行に代わって、債務者に債務の返済を求めることができます（求償権）。つまり、保証会社が代わりに返済した時に、銀行が持っていた債権が保証会社に移転します。

　このとき、銀行から保証会社に移転した債務を、借主は保証会社に対して返済し続けなければならないわけです。この返済ができない場合には、担保にしていた住宅が競売にかけられることになります。

　なお、本ケースで「銀行」が抵当権者になっていたとしたら、銀行が保証会社から返済を受けると、債権者が銀行から保証会社へと代わるのと同時に、抵当権者も保証会社となります。保証会社の返済後も債務者が保証会社に債務を支払わない場合、保証会社は担保物件の競売を申し立てることになります。

　しかし、この場合に登記簿上の抵当権者が銀行となっていると、抵当権を保証会社に移転する登記（抵当権変更登記）をして、それから競売を申し立てなければなりません。抵当権変更登記には、それなりの費用と手間がかかります。保証会社がついている場合、競売をするのは債権が金融機関から保証会社に移転してからとなりますので、最初から銀行ではなく保証会社を抵当権者としているのです。

第5章　抵当権・根抵当権のしくみ　179

相 談　建物に設定した抵当権は雨戸や畳にも及ぶのか

Case　貸金の担保として債務者所有の建物に抵当権を設定しました。ところが、先日、債務者が雨戸と畳を新しいものに取り替えてしまいました。このとき、建物に設定した抵当権の効力は、新しい雨戸と畳にも及ぶのでしょうか。

回答　あなたと債務者との間で「（取り替え前の）畳と雨戸については抵当権の対象としない」という合意があったのならば、その合意が効力を持ちます。つまり、これらを取り替えただけの新しい畳と雨戸についても、抵当権の効力は及ばないことになります。

　では、そのような合意がなかった場合はどうでしょうか。畳や雨戸は建物の一部である（またはそれに近いもの）といえますので、抵当権が実行され建物が競売されたときに、畳や雨戸も建物と一緒にまとめて競売するのが合理的です。そこで、原則として雨戸や畳は建物に付加して一体となった物として抵当権の効力が及ぶとしています。

　これに対し、畳や雨戸ほどは建物の一部とはいえない、建物からの独立性が強いものはどうでしょうか。また、本ケースでは雨戸や畳を取り替えただけですが、そうではなく、以前にはなかった物を抵当権設定の後に新たに建物に備え付けた場合はどうでしょうか。

　これらについては一概に言うことは難しいですが、建物からの独立性が強いほど、抵当権の効力が及ばなくなる傾向があるといえるでしょう。また、抵当権設定後に新たに備え付けた物は、単なる取替えと比べると抵当権の効力が及ばない可能性が高いと考えた方がよいでしょう。単なる取替えの場合は、抵当権設定当時に建物の所有者も抵当権者も、その物があったこと認識していましたが、新たな備え付けの場合は、一般的に抵当権設定当時にはその者の存在を予期していなかったといえるからです。

相談 更地に抵当権を設定した後に建物が築造された場合

Case 貸したお金の担保として債務者であるＡさんの土地に抵当権を設定しましたが、その時はこの土地は更地でした。ところが、その後、Ａさんがこの土地の上に建物を建てました。この場合、私の抵当権にはどのような影響があるでしょうか。

回答 土地の抵当権者であるあなたとしては、更地だった土地に建物が建てられているので、抵当権の行使に影響を与えるのではないかが気になるところです。

　土地と建物は別々の不動産なので、土地に設定した抵当権はその土地にある建物とは無関係なのが原則ですが、あなたが抵当権を実行してこの土地を競売しようとする時に、この建物は邪魔でしょう。

　そこで、土地に抵当権を設定した後に土地の所有者がそこに建物を建てた場合には、抵当権者は土地の上の建物についても競売をする権利をもつ一方、その建物を競売した代金から抵当権者は優先して弁済を受ける権利はないということが、民法という法律で決められています。つまり、この土地の抵当権を実行する時には、土地と一緒に建物も競売することはできますが、あなたが優先弁済を受けることができるのは土地の売却代金からだけなのです。

　このように、抵当権設定時に土地が更地だった場合、後から建物が建てられたとしても、土地上の建物についても競売にかけることが可能です。

　では、抵当権を設定した時には建物があり、いったん取り壊し、また建てた後で抵当権が実行された場合はどうでしょうか。この場合、抵当権が実行されたとしても、原則として、旧建物を基準とした建物のための土地の利用権（法定地上権といいます）が発生します。その結果、建物の居住者は住み続けることができます。

第5章　抵当権・根抵当権のしくみ　**181**

相 談 抵当権を設定した土地で立木が伐採されているが

Case Ａさんへの貸金の担保としてＡさんの土地（山林）を抵当に取りました。ところが、Ａさんがこの土地の立木を伐採して売却しようとしています。私としては、その土地を抵当に取ったのは、土地ではなくそこにある木の価値に着目したからであって、そのような伐採や売却をこのまま許すことができません。Ａさんに立木の伐採を止めさせることは可能でしょうか。

回 答 特約のない限り、山林である土地に抵当権を設定した場合、抵当権の効力は土地の上にある立木にも及びます。土地上の立木はその土地の構成部分（土地の一部）となっているからです。

　しかし、抵当権設定者であるＡさんは土地の所有者ですから、その土地を使用する権利を持っています。よって、Ａさんによる立木の伐採や売却が通常の土地の使用といえる範囲内であれば、あなたはＡさんの行為を止めさせることはできません。

　一方、Ａさんが土地上の立木の全部またはほとんどを伐採して売却しようとしているのであれば、抵当権の目的物の一部を損壊するのと同じですから、あなたはＡさんによる立木の伐採や売却を止めるように請求できます。Ａさんには抵当権の目的物の価値を維持する義務があるところ、Ａさんの行為はこの義務に違反しているからです。

　また、すでに伐採された立木（伐木）が抵当地上にある場合には、その伐木に依然として抵当権の効力が及びますので、あなたはＡさんに対して伐木を搬出しないように請求できます。伐木は抵当地上に存在する限り競売の対象となるのです。

　結局、あなたとしては、伐採行為が通常の土地使用の範囲を超えている場合には、伐採の中止と伐木の搬出の禁止をＡさんに請求し、抵当地から立木が逸出しないように留意すべきことになります。

2 根抵当権について知っておこう

一定の限度額（極度額）まで担保する形式の抵当権

● 根抵当権について

　根抵当権とは、特定の取引から生じる多数の債権について、一定の限度額（**極度額**）まで担保する形式の抵当権です。

　通常の抵当権は、被担保債権が個別に特定されており、その債権を担保するために設定され、その債権が弁済などで消滅すれば抵当権も消滅します。これに対して、根抵当権では、特定の取引に属する債権であれば、個々の債権を特定することなく複数の債権を極度額に至るまで担保することができます。

　また、通常の債権とは異なり、被担保債権の金額がゼロになっても根抵当権は消滅しません。つまり、根抵当権では、被担保債権の額が日々増減してもよく、たとえ被担保債権の金額がゼロになっても再び増加する限りは、極度額までの担保権として働くのです。

　言い換えると、根抵当権は極度額という「枠」を設定して、その枠の内部であれば、被担保債権が増減したり入れ換わったりすることのできる権利なのです。根抵当権は、継続的な取引をしている債権者が債務者に対する債権を一括して担保するのに有益な制度です。

● 根抵当権を設定する

　根抵当権は、債務者に対する債権ならば何でも担保するのではありませんが（これを包括根抵当の禁止といいます）一定の「範囲」を決めて、その範囲に属する債権については、増減したり、入れ換わっても担保されるとするものです。

　たとえば、A社とB社が継続的に取引をしており、A社がB社に対

第5章　抵当権・根抵当権のしくみ　183

して常に売掛金債権をもっているとします。このとき、個々の売掛金債権が増減したり入れ換わったような場合には、根抵当権の被担保債権の範囲を「平成○年○月○日付継続的売買契約」というように決定し、その契約から生じる債権を被担保債権とする旨を根抵当権設定登記の内容とします。つまり、被担保債権の範囲が根抵当権設定登記の登記事項となります。

また、根抵当権は、債務者の不動産に一定の担保「枠」を設定するものですから、その「枠」を意味する「極度額」も根抵当権の設定に際して決めなければなりません。よって、極度額も根抵当権設定登記の登記事項となります。

そして、被担保債権を特定するためには債務者の特定も必要となることから、債務者も根抵当権設定登記の登記事項とされています。

◉ 元本を確定する

根抵当権は、元本の他に利息・遅延損害金のすべてを、極度額まで担保するものです。根抵当権の元本は一定の事由（元本確定事由）が

■ 根抵当とは

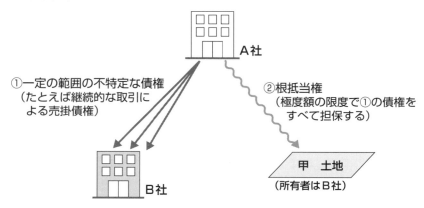

あると確定します。元本が確定すると、確定時に存在する債権を被担保債権とする通常の抵当権とほぼ同様に扱うことができます。

　たとえば、極度額が6000万円の根抵当権について、元本が5500万円と確定されたのであれば、その後は5500万円の債権を担保する通常の抵当権と同じように考えればよいのです。

　元本確定事由については、根抵当権者と根抵当権設定者との合意に基づきあらかじめ元本確定期日を定めておけば、その定められた元本確定期日が到来することで元本が確定します。元本確定期日を定めた時は、それが根抵当権設定登記の登記事項となります。

　これに対し、元本確定期日を定めていない場合は、根抵当権者や根抵当権設定者が「元本確定請求」をしたときに元本が確定します。根抵当権者は、いつでも元本確定請求をすることができ、請求時に元本が確定します。一方、根抵当権設定者は、根抵当権を設定した日から３年を過ぎたときに、元本確定の請求をすることができ、請求時から２週間経過すると元本が確定します。

　なお、債務者以外の第三者の不動産に対しても根抵当権を設定できることや、根抵当権の順位と配当の順序は根抵当権設定登記の順位によることなどは、通常の抵当権と同じように扱われます。

■ 根抵当権の実行 ･･････････････････････････････････････

	請求できる時期	元本確定時期
根抵当権者からの元本確定請求（改正民法により新設）	いつでも請求できる	請求の時に、元本が確定する
根抵当家設定者からの元本確定請求	根抵当権設定から３年経過後であれば請求できる	請求から２週間経過後に元本が確定する

相談 　根抵当権の設定契約上の注意点

Case 　当社は自動車用品の部品を製造しています。この度、新たな取引先の開拓に成功し、継続的に当社の製品を供給することになりました。支払いを担保するために根抵当権を設定しようと考えているのですが、根抵当権の設定にあたってどのような点に気をつければよいでしょうか。

回答 　根抵当権の設定契約締結の注意点は、以下の通りです。

① 被担保債権の範囲

根抵当権の設定の際には、被担保債権の範囲を決める必要があります。根抵当権は、設定行為時に定めた「一定の範囲」に属する債権を担保するものだからです。被担保債権の範囲は、「債務者との特定の継続的取引契約によって生ずる債権」「債務者との一定の種類の取引によって生ずる債権」といった定め方が一般的です。

② 極度額の決定

極度額とは、その根抵当権が担保する最高額のことです。この極度額の範囲で、あらかじめ定められた種類の債権を不特定のままで担保することが可能になります。

③ 元本確定期日

元本確定期日を定めなくても根抵当権は有効に成立します。しかし、元本確定期日を定めた場合は、被担保債権は元本確定期日までに発生したものだけになり、その後に発生した債権は根抵当権では担保されませんので注意してください。また、元本確定期日を定めるときは、それを定めた日から5年以内の日を定めなければなりません。

④ 根抵当権の登記

根抵当権を設定した不動産については、被担保債権の範囲・極度額なども登記する必要があります。

3 抵当権はどのように実行されるのか

目的不動産を競売にかける

◉ 抵当権を実行する

抵当権の実行とは、債務者が債務を返済しない場合に、抵当権者の請求により裁判所が抵当不動産を競売にかけることです。抵当権者は競売代金から抵当権の順位に従って配当を受け、債権の回収を図ることになります（174ページ）。

なお、強制執行手続としての強制競売と抵当権の実行は似ていますが、完全に同じではありません。強制競売は、債権者が獲得している債務名義（強制執行を許可する文書）を根拠にして、強制的に不動産を売却する手続きです。これに対して、抵当権の実行として行う不動産競売（担保権の実行としての競売）は、設定された担保権の優先弁済権が根拠となっているため、債務名義は必要なく、一定の要件を満たせば、すぐに債務者の不動産を強制的に売却することができます。

また、債務者所有の更地に抵当権を設定したところ、その後に債務者（抵当権設定者）が土地に自宅を建ててしまった場合には、土地と建物を一括して競売できます。ただし、配当が受けられるのは、土地の売却代金からだけです。これを「一括競売」といいます。

このように、抵当権者が債権の回収を図る手段の基本は、抵当権を設定した不動産の競売（94ページ）ですが、この他にも任意売却や物上代位のような手段も存在します。

任意売却とは、抵当不動産を競売によって売却するのではなく、抵当権設定者自身によって抵当不動産を売却させて、その売却代金から債権を回収する方法です。抵当権設定者が自発的に抵当不動産を売却する点が競売と異なります（97ページ）。

第5章　抵当権・根抵当権のしくみ　**187**

物上代位は、抵当不動産から生ずる賃料などの収益から債権を回収する方法です。たとえば、抵当不動産が賃貸されている場合、その賃料にも抵当権の効力を及ぼし、本来であれば抵当権設定者が受けとるはずの抵当不動産の賃料を抵当権者が差し押えて、自己の債権の弁済に充てるものです。

● 抵当権に関する注意点とは

　抵当権の実行にあたって注意しなければならないのは執行妨害です。執行妨害とは、競売による適正な換価処分を妨害するような行為をいいます。そのような場合には債務者に対する保全命令によって担保不動産の価値下落行為を禁止させたり、また不法占有には執行官に建物を保管させたりすることで対応します。

　また、抵当権の負担がついたまま目的不動産が第三者に売却された場合に、その第三者（第三取得者）が債権者に対して「○○○円支払うから抵当権を抹消してほしい」という請求（抵当権消滅請求）をすることがあります。債権者が抵当権消滅請求を受けてから2か月以内に、抵当権を実行して競売の申立てをしなかった場合には、抵当権消滅請求を認めたものとみなされます。

■ 賃料の物上代位

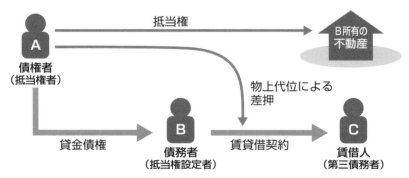

相 談 抵当権などの担保権はどのように実行されるのか

Case 私は、知人Aに対して200万円を融資しましたが、焦げついてしまいました。これに備えた担保として、①Aの不動産に抵当権を、②Aの株券に譲渡担保を、③Aの金銭債権に質権をとっています。それぞれどのような手続で処分することになるのでしょうか。

回 答 抵当権の実行は競売によってなされます。そして競売を実行するために、あなたはまず登記事項証明書などの抵当権が存在することを証明する文書によって、抵当権の実行を裁判所に申し立てます。次に執行機関により目的不動産（Aの不動産）に対して差押えがなされ、競売の目的となる不動産の処分が禁止されます。そして目的不動産の競売が実行され、その売却代金から配当を受けることで債権が回収されます。

　譲渡担保権の実行は、所有権が譲渡担保の設定時にあなた（債権者）へ移転しているので、債権者が目的財産を確定的に取得するという簡単な方法で行うことができます。ただ、あなたが債権額に比べて高価な株券を丸取りすることはできません。この場合には、Aに対して清算する義務があります。つまり、あなたが回収できるのは融資した200万円までで、株券の所有権があなたに移ることによってこれを超えたら、差額はAに返さなければなりません。

　債権質の場合、債権者は第三債務者（質権設定者に対して債務を負う者）から、債権を直接取り立てることができます。そのため現実には簡単な方法である直接取立てが利用されています。なお、金銭債権の代表的なものとして、Aの取引銀行に対する預金債権がありますが、銀行と預金者との約款などにおいて、預金を質入れすることは禁止されていることが多いので注意してください。

第5章　抵当権・根抵当権のしくみ　189

相 談 抵当権を設定する場合の登記の手続き

Case 貸金債権の担保として、債務者の土地に抵当権を設定することになりました。その際、登記の手続はどうなるのでしょうか。また、もし、抵当権の登記をしなかった場合、その抵当権は実行できないのでしょうか。

回 答 不動産についての登記は、原則として、「登記権利者」と「登記義務者」の共同申請によります。抵当権設定の場合は、抵当権者（このケースでのあなた）が登記権利者、抵当権設定者（このケースでの債務者）が登記義務者です。

　具体的に抵当権の登記をするには、まず、抵当権者と抵当権設定者とが共同して「抵当権設定登記申請書」といくつかの添付情報を登記所（法務局）に提供します。抵当権設定登記申請書に記載・記録すべき事項は、被担保債権に関する事項、目的不動産の表示などです。また、申請情報として、抵当権設定契約書、登記済証（担保となる土地の権利書のことで、平成17年の不動産登記法改正後〈登記済証の完全廃止は平成21年7月〉は登記識別情報）などを提供します。実際にはこれらの手続は司法書士に代理して行ってもらうことが多いようです。

　次に、未登記抵当権も理論的には実行可能です。この問題には、民事執行法という法律が関係します。この法律によると、未登記抵当権を実行するためには、債務名義（債務の存在を証する公の文書）が必要になり、実際に債務名義を手にするためには、訴訟を提起して勝訴することが必要とされるため、手間がかかります。現実問題としては、未登記抵当権を実行するのにはかなりの困難が生じるでしょう。

　また、抵当権の登記をしない場合には、対抗力（当事者以外の第三者に権利があることを主張できる効力）がありません。他に登記した抵当権者がいれば、その者が優先するので不利になります。

190

相 談 抵当権設定の登記をしなくても優先的に弁済を受けられるか

Case 私は友人に対して3000万円を融資しその担保として友人の土地について抵当権を受けました。ただ、友人は必ず返済すると約束したことや抵当権設定登記手続きをするのは費用も時間もかかり面倒なことから抵当権設定契約書を作成するだけで登記はしませんでした。

　ところが友人は銀行からも3000万円を借り入れて同じ土地に抵当権を設定してその登記も備えました。その後、私との抵当権についても設定登記をしたのですが、私は銀行より先に抵当権の設定を行っており、その契約書もあるので銀行に優先すると思うのですが。

・・

回 答 結論から言いますと、あなたは抵当権の設定登記を銀行よりも後にしているので、抵当権が実行され、この土地が競売にかけられた場合には、銀行が優先して配当を受けることになります。抵当権の順位は抵当権設定登記の順序によって決まるため、銀行が1番抵当権者となっているからです。

　もっとも、1番抵当権者でなければ抵当権を実行できないというわけではありません。今回のケースであなたが抵当権者であることは確かなことですので、1番抵当権者が土地から配当を受けて残余がある場合には、そこから2番抵当権者として配当を受けることができます。たとえば、土地が5000万円で競落された場合は、銀行が優先して3000万円の配当を受け、あなたは残額の2000万円から執行にかかる費用を差し引いた額を限度として配当を受けることができます。

　このように抵当権を設定する場合には登記が重要となりますから、抵当権設定契約を行ったらすぐに登記手続きを行う必要があります。もし抵当権設定者が登記に協力しない場合には、抵当権設定契約書を裁判所に提出して仮登記の仮処分を命令してもらう方法があります。

第5章　抵当権・根抵当権のしくみ　**191**

相談 債務者が抵当物件の管理を怠っている場合

Case Aへの貸金の担保としてAが所有する建物を抵当に取りました。ところが、Aは他に自宅を建てたため、抵当建物の管理を怠るようになり、修繕もせずに荒廃するがままにまかせています。このままでは、抵当建物の価値がなくなる可能性もあります。貸金の返済期限にはまだ先ですが、Aに対して何か法的に主張できることはないのでしょうか。

回答 抵当権が侵害されそうになったときには、その侵害の予防を請求することができます。これを妨害予防請求権といいます。具体的には、抵当目的物に対する価値減少行為を防ぐことです。

本ケースでは、抵当権に基づく妨害予防請求権を行使して、Aに対して、担保目的物である抵当建物が荒廃するのを防ぐ措置を講ずるように請求することができます。また、Aが建物管理を怠ったため、建物の価値が減少して、あなたの抵当権は損失を被っているのですから、不法行為による損害賠償の請求も可能となります。

さらに、A（債務者）が抵当建物を荒廃させているのは、担保を滅失・損傷・減少させていると評価できます。この場合、貸金債務の弁済期が未到来であっても、Aは期限の利益を失い、貸金債務をすぐに返済しなければならなくなります。期限の利益とは、債務者は返済期限が来るまで返済をしなくてよいとする利益のことです。民法の規定によって、債務者が担保を滅失・損傷・減少させた場合は、期限の利益を主張することができなくなると規定しています。このような行為は債権者の信用をなくすものといえるからです。

Aが期限の利益を失えば、すでに貸金債務の弁済期が到来したものと扱うことができますから、Aが貸金債務を弁済しないと、あなたは抵当権を実行することも可能になります。

相 談 抵当物件が税務署に差し押さえられた場合

Case 私は友人のＡに300万円を貸し、担保としてＡの所有する500万円相当の建物を抵当に取りました。ところが、Ａは国の税金を400万円滞納していたとのことで、この建物が税務署によって差し押さえられてしまいました。このような場合、私の抵当権と国税の徴収とはどちらが優先されるのでしょうか。なお、Ａには他には財産はなく、Ａに対する債権者は私だけです。

回 答 この問題の結論は、抵当権設定登記をした日と滞納した税金の納付期限日のうち、どちらが前だったかによって異なります。

抵当権と国税の徴収との関係については、国税徴収法16条に「納税者が国税の法定納期限等以前にその財産上に抵当権を設定しているときは、その国税は、その換価代金につき、その抵当権により担保される債権に次いで徴収する」との規定があります。

これにより、Ａがあなたのために抵当権設定登記をした日が、Ａが滞納した国税の納付期限日よりも前だとすると、あなたの抵当権は国税の徴収に優先します。なお、抵当権設定登記の日と国税の納付期限日が同じ日の場合には、あなたの抵当権が優先します。つまり、建物が売却されると、あなたは売却代金の500万円からＡに対する債権全額の300万円を回収できるのです。

しかし、Ａが抵当権設定登記をした日が、国税の納付期限日よりも後の場合には、税務署の手続きが優先します。つまり、税務署による公売がなされた場合、滞納していた国税の400万円の徴収が先に行われるため、あなたはＡに対する債権の全額を回収することはできず、建物から残った100万円を回収できるにとどまります。

第5章 抵当権・根抵当権のしくみ 193

相談 仮差押の登記の後に抵当権の登記がなされている場合

Case 　私は、仮差押の登記がなされている土地を、抵当に取りました。仮差押の登記がなされていたことは知っていたのですが、私は一番抵当権者になり、登記も済ませました。しかし、その後仮差押をした債権者が本差押を行い、競売になりました。この競売で、私の一番抵当権はどのような扱いになるのでしょうか。

回答 　本ケースについては、民事執行法に規定があります。それによると、抵当権が仮差押後に登記されたものである場合には、仮差押債権者が本案で敗訴したとき、または、仮差押が効力を失ったときに限り、配当を受けることができます。

　しかし、このケースでは、すでに本差押による競売が開始されているのですから、本案で敗訴したり仮差押が効力を失った場合には該当しません。残念ながらあなたの抵当権に対して配当はなされないことになります。

　確かに、「仮」の差押えですから、登記した抵当権が優先するようにも考えられます。しかし、この場合の「仮」登記は、将来、本差押による競売がなされれば、仮登記よりも後に行われる抵当権設定登記などを失わせることを警告していたのです。ですから、あなたは一番抵当権者であっても、仮差押の登記が先になされている以上は、一番抵当権者としての権利を失います。

　なお、このような仮差押の登記は、仮差押債権者（仮差押の被保全債権を有する者）が、将来の訴訟に備えて裁判所に仮差押の申立てがなされることにより、裁判所の判断（保全処分）でなされます。結局、いくら一番抵当権者であっても、本差押の登記がなされてしまった以上、あきらめざるを得ません。自分より先に差押えの仮登記が存在するような物件には、抵当権を設定しないのが無難といえます。

相 談 抵当物件が焼失した場合に抵当権はどうなるか

Case 私は友人Aから融資を申し込まれたので300万円を融資しました。その際にAが居住している家屋に抵当権を設定しておきました。しかしA居住家屋は放火により全焼してしまいました。この場合、私の抵当権はどうなるのでしょうか。家屋には500万円の火災保険がかけられていたようですが、これについては債権者Bが私の抵当権設定後に債権質を設定していました。

回 答 抵当権の目的物件が焼失した場合は、抵当権も消滅するのが原則です。ただし、抵当権の目的物件に代わる金銭などにも抵当権の効力は及ぶとされています。これを物上代位といいます。

　今回のケースの火災保険金は目的物の焼失によってAが受ける金銭ですから、抵当権の効力は及ぶことになります。このような物上代位権を行使するためには、抵当権設定者Aに火災保険金が支払われる前に、火災保険金請求権を差し押さえることが必要とされています。

　では、火災保険金に債権質を設定していた債権者Bとの関係はどうなるでしょうか。結論から言えば、あなたの抵当権設定登記が質権設定より先になされているので、あなたの抵当権に基づく物上代位が優先することになります。抵当権設定登記がなされていれば抵当権の存在が公示されているので、これに遅れて火災保険金に質権を設定する場合には物上代位権が行使されることを当然に予期すべきといえるからです。

相 談 抵当権消滅請求とはどんな制度なのか

Case 抵当権が設定されている不動産を売買により取得したのですが、抵当不動産の評価額を抵当権者に支払うことで抵当権を実行され

第5章　抵当権・根抵当権のしくみ　　195

ずに抵当権を消滅させることができると聞きました。どのような手続きをするのでしょうか。

回答 抵当権が設定されている不動産の所有権が第三者に移転した後でも、抵当権は実行できます。ただ、不動産を取得した第三者にも、不動産の所有権を確保する機会を与えるべきとの観点から、抵当権消滅請求の制度が設けられています。これは、抵当不動産を取得した第三者（第三取得者）が、不動産を取得した金額または第三取得者自らが抵当不動産を評価した額を提供することを申し出て、抵当権者がこれを受領する場合に、抵当権の抹消を認める制度です。抵当権消滅請求は、抵当権の実行としての競売による差押えの効力が発生する前、つまり差押えの登記がなされる前に行う必要があります。

抵当権消滅請求の手続きは、抵当不動産を買い受けた、もしくは贈与された第三取得者は、抵当権などの登記をした債権者に対し、一定の書面を送付することから開始します。このとき登記した債権者が複数名いる場合は、その全員に書面を送付することが必要です。書面を受け取った債権者は、第三取得者からの申出を承諾するか、あるいはこれを拒否して、競売手続きを行うかを選択することになります。競売手続きを選択した場合は、書面を受け取ってから2か月以内に競売の申立てを行う必要があります。2か月以内に競売の申立てがなされない場合には、申出を承諾したものとみなされますので、第三取得者は申出金を支払うか、供託することで、抵当権など登記されている担保権のすべてを消滅させることができます。

債権者が承諾した場合も同様に、申出金の弁済または供託により、抹消請求の効果が発生し、抵当権等の担保権はすべて消滅します。なお、第三取得者には、債務者や保証人等は含まれませんので、これらの者が抵当権消滅請求を利用することはできません。

第6章

譲渡担保・仮登記担保・
所有権留保のしくみ

1 譲渡担保について知っておこう

動産や債権にも設定することができる

● 譲渡担保とは何か

　民法に規定されている担保物権のみでは、取引上の必要性にうまく対応できません。しかし、だからといって物権法定主義があるため、新たに動産に関する担保物権を新設することは、民法に規定している担保物権の他に、新たな担保物権を設けることを意味するため許されません。

　そこで、他の法律上の形式を利用しつつ、債権を担保するという目的を達成するための手段が考えられました。その代表格が**譲渡担保**です。譲渡担保とは、担保目的物の所有権を形式上債権者に移転して、債務者には引き続き担保目的物を使用させておきながら、債務が返済されない場合には、競売手続を経ることなく目的物を処分できるという担保権です。

　たとえば、A会社がB会社に貸金債権をもっており、B会社が自分の工場で使用している工作機械にA会社のために譲渡担保権を設定したとします。Aは、B所有の工作機械の所有権を取得しますが、Bは従来通り工作機械を使って商品の製造を継続できます。その結果、Bは商品の売却益からAに対する債務を弁済することができ、他方、Aは債務の弁済がなされないときは、工作機械を処分することで債権の回収が図れるのです。いわば、譲渡担保権は「動産に対する抵当権」のような働きをしているのです。

　譲渡担保権については、民法に規定がありません。このような担保を非典型担保といいます。

● 譲渡担保権を実行する

　譲渡担保権の実行については、その方法として帰属清算型と処分清算型の2通りがある点が重要です。どちらの方式によるかは、譲渡担保権設定契約で任意に定めることができます。

① 帰属清算型

　帰属清算型は、譲渡担保の目的物を債権者（譲渡担保権者）が確定的に自分の所有物とする方法です。債権者にとっては、担保目的物そのものを取得したことで、債務の返済を受けたのと同じ効果を得ることになります。

② 処分清算型

　処分清算型では、債権者（譲渡担保権者）が担保目的物を第三者に売却し、その売却代金から優先して自己の債権を回収します。

③ 受戻権

　受戻権とは、譲渡担保権が実行される前に、債務者が債務の全額を返済することによって、債権者に移転した目的物の所有権を取り戻すことができる権利をいいます。ただし、債務者は債権の弁済期が到来した後であっても、一定期間は受戻権を行使することができるとされている点に注意する必要があります。

■ 譲渡担保とは

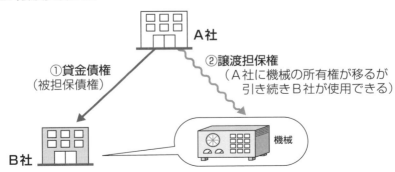

第6章　譲渡担保・仮登記担保・所有権留保のしくみ　199

④　清算義務

　清算義務とは、譲渡担保を実行したときに、担保目的物の価格と債務者が返済すべき金額との間に差額がある場合に、債権者がその差額を清算金として債務者に支払うべき義務をいいます。債務者にとって不公平にならないようにするためです。

⑤　譲渡担保の注意事項

　譲渡担保権の目的物が不動産の場合には登記ができるので、あまり問題にならないのですが、譲渡担保権の目的物が動産のときは、注意が必要です。というのは、動産に対する譲渡担保権では、債務者が従前と同様に目的物を使用しているため、譲渡担保権が設定されていることが外部からは認識できないケースが多いからです。

　その結果、債務者（譲渡担保設定者）が譲渡担保の目的物であることを知らない第三者に対して、その目的物を譲渡してしまうと、目的物が第三者の所有するものになってしまう可能性が出てきます。そのような事態を避けるために、その動産が譲渡担保の目的物であることを明確に公示する必要があります。

　そのために、担保目的物である動産にプレートなどの公示札を貼りつけて、第三者に即時取得（相手に目的物を処分する権限がないのに権限があるものと誤信して取引をした場合には、その目的物を取得できるという制度）させないなどの工夫が必要です。

　また、会社の設備を担保に金銭を借り入れる場合など、法人が行う動産譲渡担保については、動産譲渡登記所（東京法務局）において登記することが可能です。登記をすることで、第三者に対して動産譲渡担保を主張できるようになります。

　以上のように、動産の譲渡については、譲渡の事実が不明確にならないように気をつけなければなりません。

● 目的物が集合物の場合

　譲渡担保の目的物は単体である必要はありません。複数の動産や債権が集まった集合物を譲渡担保の目的物とすることもあります。

①　集合動産譲渡担保

　集合動産譲渡担保とは、個々の動産ではなく、まとまった動産の「集合物」を１つの目的物とする譲渡担保権です。具体的には、「工場内の設備一式」「倉庫内のすべての商品」というように、目的物の範囲を定めます。特に後者の場合には、譲渡担保の目的となる動産が日々入れ替わることになります。

　このような集合物譲渡担保で重要なことは、目的物である「集合物」の範囲の特定です。この点は、①動産の種類、②保管場所、③量的範囲などで特定すれば、その範囲内にある動産について譲渡担保権の効力が及ぶようになります。

②　集合債権譲渡担保

　債権も譲渡担保の目的となります。債権の譲渡担保とは、債権を形式的に譲渡したことにする譲渡担保権です。そして、集合債権譲渡担保とは、複数の債権をまとめて「集合債権」として譲渡担保の目的とするものです。債権の譲渡担保については、第三者に譲渡担保を主張するのに「債権譲渡登記」の制度を利用できる場合があります。

　債権譲渡登記の制度は、会社などの「法人」（個人が譲渡人となる場合は利用できません）が金銭債権の譲渡などをする場合、その旨を登記することで、債務者以外の第三者に対して債権譲渡があったことを主張できるというものです。法人が多数の債権を一括して譲渡する場合は、債務者も多数に及ぶため、すべての債務者に譲渡通知などの手続をとらなければならないとすると、手続や費用の面で負担が重いので、一括して登記ができるとしたのです。なお、債権譲渡登記を取り扱っているのは東京法務局（債権譲渡登記所）だけです。

第６章　譲渡担保・仮登記担保・所有権留保のしくみ　201

相 談 譲渡担保を設定するときの注意点

Case 当社（Ａ社）は、Ｂ社に対して貸金債権をもっています。そこで、Ｂ社から何か担保をとることを検討しましたが、Ｂ社の工場に設置されている最新鋭の工作機械以外には担保となりそうな物がありません。この工作機械を何とかして、担保としたいのですが、どんな方法があるのでしょうか。

・・・

回 答 本ケースでは、工作機械に譲渡担保を設定するのがよいでしょう。まず、Ａ社はＢ社から工作機械の所有権を取得します。しかし、Ａ社にとっては工作機械を自ら使用する意思などは通常はないでしょう。そこで、Ａ社はその工作機械の占有をＢ社にとどめ、Ｂ社と使用貸借（あるいは賃貸借）契約を締結し、Ｂ社に工作機械を引き続き使用させます。こうすれば、Ｂ社は工作機械を担保に入れながら、自ら使用することが可能になります。他方、Ａ社は債権者であると同時に工作機械の所有者となります。仮に、Ｂ社が債務の返済をしないときには、Ａ社は所有者として目的物である工作機械を処分し、その代金から債権の回収が可能となるのです。

譲渡担保権の設定は、Ａ社とＢ社との間で「譲渡担保設定契約」を締結することによりなされます。その契約では、被担保債権と目的物を明確化しておくことが重要です。目的物である工作機械には譲渡担保権が設定されていることを示すプレートなどを貼付しておきます。こうしないとＡ社に所有権があることを知らない第三者に機械が譲渡されてしまうと、Ａ社の所有権はなくなるおそれがあるからです。なお、譲渡担保権を実行したところ、債務の額よりも目的物の処分価格または評価価格の方が高い場合には、債務者に対して、清算金という形で差額分を返還する必要があります（198ページ）。

相談 動産競売開始許可の決定制度を利用できる場合

Case 工場の機械など、動産譲渡担保権を設定した場合も、不動産と同様に競売できると考えてよいのでしょうか。

回答 不動産に対して抵当権や根抵当権が設定されている場合、担保権の実行としての競売については、強制競売に関する民事執行法上の規定が準用されます。動産についても、同じく、担保権が設定されていた場合には、それを根拠に競売を申し立てて、その売得金から債権を回収することができます。不動産の場合には登記によって権利関係が明確になっていることも多いのですが、動産の場合には、法律上の権利関係が不明確なことがあります。動産に設定される担保権としては質権が典型的です。また、企業金融などでは、占有を債務者に委ねて使用させたまま担保にする契約がよく見られます。しかも、工場内にある工作機械、材料、製品などをひっくるめて担保とすることすらよくあります。これらは動産譲渡担保と呼ばれています。

このような複雑な事情から、担保権について法律的にどのように扱うべきかは、専門的な判断が必要とされます。そのため、以前は、動産を占有している債権者が動産を任意に提供し、担保権の存在が明らかにわかる場合に限り、執行官は差押えをすることができるとされていました。現在では目的物の任意提出以外の場合にも執行裁判所の許可があれば動産競売を開始することができるようになりました。これを動産競売開始許可の決定制度といいます。動産競売開始許可決定を得るためには、債権者は、売買契約書など担保権の存在を証明する書面を執行裁判所に提出して申し立てる必要があります。執行裁判所が担保権の存在を認めると動産競売開始許可決定がなされ、その決定謄本を執行官に提出することで動産競売が行われるという手続きです。

第6章 譲渡担保・仮登記担保・所有権留保のしくみ　203

2 所有権留保・仮登記担保について知っておこう

債務者の返済滞納に備えて担保を確保しておく

● 所有権留保とは何か

　所有権留保とは、売買契約によって目的物を買主に引き渡すが、買主が売買代金を完済するまで、目的物の所有権は売主の元に留保され、それによって売主の代金債権を担保するという担保です。買主は目的物の引渡しを受けても、代金全額を支払うまでは所有権を取得することができず、そのことが代金の支払いを促します。

　所有権留保は、売買契約において代金が分割払い（割賦販売）の際に使われることを基本とします。つまり、代金が分割払いの場合に、代金が完済されるまでの期間、売主の元に所有権が残っており、売主がその所有権によって、買主に目的物を利用させていることになります。もし、買主が売買代金を支払わないときには、売主は売買契約の解除と同時に所有権に基づいて売買目的物を買主から回収します。売主が代金の一部を受け取っている場合には違約金などを差し引いた金額を買主に返還します。

■ 所有権留保

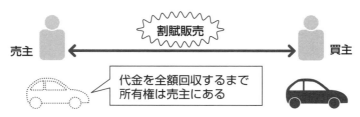

もっとも、買主が任意に目的物を返還しないときは、「債権者への引渡しを求める仮処分」などの執行手続きが必要になります。相手が約束を破ったからと言って、「勝手に自力で取り返してもよい」ということにはなりませんので、注意しなければなりません。

　所有権留保の目的物が動産の場合には、買主がその動産を第三者に処分してしまえば、第三者のものになってしまう可能性があります。そのような事態を避けるために、買主が代金を完済しない間は第三者に目的物を処分できないような手段を講じておきます。

　たとえば、売主に所有権が留保されているのを公示するネームプレートなどを、目的物に貼り付けておくことも必要となるでしょう。

　このことが特に重要なのは、所有権留保の目的物が高価品の場合です。また、代金完済前に目的物が事故や盗難にあった場合に備えて、目的物に買主の負担で保険をかけ、その保険金についてあらかじめ債権質を設定するなどして、万一の事態に備えます。

◉ 仮登記担保とは何か

　仮登記担保とは、債務者が債務を返済しない場合には、不動産などを弁済の代わりに引き渡すことを約束して（代物弁済予約）、あらかじめ不動産の所有権移転の仮登記をしておく担保です。つまり、債務者の債務不履行を条件とする所有権の移転を仮登記して、債権回収に備えるのです。債務者が債務を返済しない場合は、仮登記を本登記にして代物弁済の効果を発生させます。

　仮登記担保は、煩雑な抵当権の実行手続に比べて、より簡易に担保権の実行が可能であるという利点があります。仮登記担保において担保される債権は金銭債権（貸金債権や売掛金債権など）に限定されます。なお、仮登記担保については「仮登記担保契約に関する法律」（仮登記担保法）によって一定の制限がなされています（次ページ）。

● 仮登記担保を実行する

　債権者が本登記を備えることにより、代物弁済がなされたこととなり、担保不動産の所有権を取得したことを第三者に主張することができるようになります。しかし、仮登記担保の実行は、法律上の執行手続を使わない任意の回収手段であり、私的実行（35ページ）です。そのような任意の処分では、債権額に比べて価値の大きい不動産を債権者が取得してしまうという弊害も生じ得ます。そのために、仮登記担保法は実行方法について以下のような制限を定めています。

①　実行の通知

　仮登記担保を実行する場合には、必ず債務者に実行の通知をします。この通知の目的は、仮登記担保の目的不動産の適正な評価額を示し、同時に残債務金額と清算金の額を明確にすることにあります。

②　清算期間（受戻期間）

　清算期間とは、債務者が債務を弁済して目的不動産の所有権を取り戻すこと（受戻権）が可能な期間で、仮登記担保法では２か月となっています。この期間満了日の経過時に清算金がある場合は、債務者が清算金の支払いを受けるまでは、本登記（第三者に権利の変動を主張できる効力が認められる登記）をすることが認められません。

■ 仮登記担保とは ……………………………………………

（債務者）

債　権

仮登記

（債権者）

（仮登記担保の目的物）

債務者が返済しないときは
競売しないで所有権を移転

相 談　仮登記担保権を実行する場合にはどんな手続をとればよいか

Case　当社（Ａ社）は、Ｂ社に5000万円の貸金債権をもっているのですが、Ｂ社は期限を過ぎても弁済をしてくれません。また、実際に5000万円を支払える資金的余力もありません。このような場合に備え、Ｂ社所有の土地についての代物弁済の予約をＢ社と締結していたので、権利を行使して債権を回収しようと思います。どのような手続をとればよいのでしょうか。

回 答　Ａ社がＢ社に対してもつ「代物弁済の予約」は、仮登記担保法が適用される仮登記担保権ですので、それを前提に回答します。

　代物弁済の予約という仮登記担保権をもっている場合、この仮登記担保権を実行するときは、Ａ社（債権者）が清算金の見積額（債権額と土地の価額との差額）を明らかにして、予約完結の意思表示をＢ社（債務者）に対して通知します。Ａ社は、この通知がＢ社に到達した日から２か月（清算期間）が経過しなければ、Ｂ社の土地（目的不動産）の所有権を取得することはできません。つまり、すぐにＢ社から土地の代物弁済を受けることはできないのです。

　次に、Ａ社は、他の担保権者（仮登記担保の登記後に登場した担保権者）および本登記につき利害関係を有する第三者に対し、上記の通知をした旨を遅滞なく通知する必要があります。

　そして、清算期間を経過したら、Ａ社は、土地の価額が債権額よりも大きい場合には、Ｂ社に対して、超過相当金額を清算金として支払わなければなりません。Ａ社による清算金の支払いは、Ｂ社による土地の所有権移転登記や引渡しと同時に履行すべき関係（これを同時履行の抗弁権といいます）にありますので、Ａ社が土地を取得したいのであれば、清算金の支払いを先延ばしにはできません。

第6章　譲渡担保・仮登記担保・所有権留保のしくみ　207

相 談 借金額より仮登記担保をつけた不動産の方が高額だった

Case 私は金融業を営んでおり、Ａに1000万円の融資をしました。その際Ａから「期限までに1000万円を返済できなかった場合には1500万円相当の家屋を代物弁済とする」との約束をとりつけ、その旨の仮登記もしてあります。結局期限までにＡからの返済はありませんでした。Ａには家屋の明け渡しを要求しているのですが、何か手続上、気をつけておくべきことはあるのでしょうか。差額の500万円はＡに返す必要はありますか。

回 答 あなたとＡとの間の契約は「代物弁済の予約」にあたります。このような代物弁済の予約に基づいて所有権移転の仮登記を行うことは、実質的には貸金債権の担保の目的で行われるので「仮登記担保」と呼ばれています。仮登記担保では抵当権の実行のような煩雑な手続を回避して貸金債権を回収することが可能です。

　ただ、債権者は担保物件を丸取りすることになりますので、担保物件の価値が債権額を上回る場合は、債権者が債務者の経済的窮地につけ込んで暴利をむさぼる弊害が生じかねません。そこで、仮登記担保法はこの弊害を防ぐため、債権者に清算義務を課しています。

　具体的には、債務者（Ａ）が債務を返済できなくても、代物弁済の対象物（家屋）の所有権はすぐには債権者に移転しません。債権者は債務者に対して清算金の見積額の通知（清算金がない場合はゼロである旨の通知）を行い、それから２か月を経過した時に、はじめて所有権移転の効力が生じることになります。

　また、債権者による清算金支払を物件引渡より先延ばしにはできません（前ページ）。今回のケースでは、あなたが現実に500万円の清算金をＡに支払うまで、Ａは家屋を明け渡す義務はありません。

第7章

債権譲渡・弁済・
相殺のしくみ

債権譲渡と譲渡制限特約の関係について知っておこう

譲渡制限特約違反の債権譲渡であっても原則として譲受人に債権が移転する

● 債権譲渡とは

債権譲渡は、債権を同一性を変えることなく第三者に移転することで、譲渡人（旧債権者）と譲受人（新債権者）との契約（債権の売買契約など）によってなされます。

債権譲渡が果たす役割として、債権の回収機能が挙げられます。つまり、債権が金銭や不動産のような財産として、売買などの対象になることに着目した機能といえます。譲渡人からすると、自分が持っている債権について、弁済期を迎えていないときでも、譲受人に譲渡する際に、対価を受け取ることができるというわけです。債権を回収するための手段として、わが国では強制執行（82ページ）が用意されていますが、比較的煩わしい手続きであるため、債権譲渡によって譲渡人は容易に債権を回収することが可能になります。また、債権譲渡により、譲受人（第三者）が譲渡人に代わって債権を回収することになるため、債権の取立て機能があると言われることもあります。

民法は、債権譲渡について対抗要件主義をとっています。つまり、当事者間では合意だけで債権が移転しますが、第三者に債権譲渡を主張（対抗）するには、後述する譲渡人からの通知または債務者からの承諾という対抗要件が必要です。

● 債権譲渡を制限する特約の有効性

債権譲渡は原則として自由に行うことができますが（債権譲渡自由の原則）、例外として、性質上譲渡を許さない債権の譲渡は、その効力が生じません。

改正前民法から大幅な制度変更が行われたのは、譲渡制限特約（譲渡禁止特約）に違反する債権譲渡の効力です。
　改正前民法の下では、当事者が債権の譲渡を禁止する特約（譲渡禁止特約）を結んだ場合、譲渡禁止特約に違反する債権譲渡は無効であるが、善意かつ無重過失の譲受人に対してのみ譲渡禁止特約を対抗できないとしていました。つまり、譲渡禁止特約違反の債権譲渡は無効であるため、債権者は原則として「譲渡人」のままであるが、譲受人が善意かつ無重過失の場合に限り「譲受人」に移転すると解されていました（物権的効力）。
　しかし、平成29年の民法改正では、債権の譲渡を禁止または制限する特約（譲渡制限特約）に違反する債権譲渡であっても、その効力を妨げられないとしています。つまり、譲渡制限特約違反の債権譲渡は、当事者間では無効ですが、譲受人との関係では「有効」であって、債権者は「譲受人」に移転することになります（債権的効力）。
　譲渡制限特約（譲渡禁止特約）は、債務者が債権者に対する優位な立場を利用し、自己の利益のために設定することが多く、改正前民法の下での物権的効力では、債権者（譲渡人）が債権を譲渡して資金を

■ 譲渡制限特約違反の債権譲渡（債権的効力）

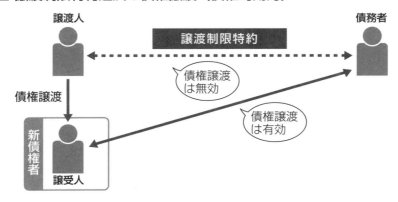

第7章　債権譲渡・弁済・相殺のしくみ　211

得たり、融資を受けることの阻害要因となっていました。平成29年の民法改正は、物権的効力を明確に否定して阻害要因を解消し、債権者がこれらを行いやすくしたといえます。

ただし、**預貯金債権についての譲渡制限特約**は、例外的に「物権的効力」が生じ、悪意または重過失の譲受人には譲渡制限特約を対抗できると規定しています。預貯金債権に譲渡禁止特約があるのは一般的に知られているからです。

◉ 債権的効力に基づく債務者と譲受人の関係

前述のように、譲渡制限特約違反の債権譲渡の効力は、当事者間では無効であるのに対し、譲受人との関係では有効となって、債権者は譲渡人から譲受人に移転します。これを債権的効力といいます。

ただし、譲渡制限特約の存在を知り、または重大な過失により知らなかった譲受人に対して、債務者は、①譲渡制限特約を主張して債務の履行を拒むことができ、かつ、②譲渡人に対する債務消滅事由（譲渡人に対する弁済・相殺など）をもって対抗することもできます。また、譲渡人に対しても、譲渡禁止特約が付された債権譲渡も有効であることから、債務者は譲渡人に対しても履行を拒絶することができます。つまり、改正民法下では債務者が上記①を理由に債務を履行しない場合、悪意または重過失の譲受人は譲渡制限特約の制約を受け、譲渡人は債権譲渡で債権を失っており、双方とも債権回収ができないという閉塞状態（デッドロック状態）に陥ります。この状態を脱するため、譲受人が相当期間を定めて「譲渡人への履行の催告」を行ったのに、当該期間内に履行しないときは、債務者は、上記①を理由に悪意または重過失の譲受人からの履行請求を拒絶できないとしました。

一方、譲受人が悪意または重過失の場合でも、あくまでも債権者は譲受人ですから、債務者は自らの選択によって、譲受人に債務を履行することができます。

相談　譲渡制限特約付きの債権の債務者の供託

Case　民法改正により、譲渡制限特約付きの債権を譲渡する際に何が変わったのかを教えてください。差押えをすることは認められるのでしょうか。

回答　A（譲渡人）がB（債務者）に対する譲渡制限特約付きの100万円の貸金債権をC（譲受人）に譲渡したとします。改正前民法の「物権的効力」の下では、Cの主観的事情により譲受人が変わるため（209ページ）、Bは債権者不確知を理由に供託ができました。しかし、平成29年の民法改正の「債権的効力」の下では、債権者は譲受人Cと確定していますので、Bは債権者不確知を理由に供託ができません。

この不都合を回避するため、譲渡制限特約付きの金銭債権が譲渡された場合は、当該債権の全額を債務の履行地を管轄する供託所に供託できる旨が明確にされています。これにより、前述のケースでもBは100万円を供託して債務を消滅させることができます。供託をした債務者は、遅滞なく譲渡人と譲受人に供託の通知を行います。そして、供託された金銭は、債権者である譲受人のみが還付請求権を有します。

●譲渡制限特約付きの債権の差押え

また、譲渡制限特約によって勝手に差押禁止債権を作り出すことは認められません。つまり、譲渡制限特約がついた債権に対する強制執行をした差押債権者（悪意または重過失のある譲受人の債権者である場合を除く）に対しては、その差押債権者が譲渡制限特約について悪意または重過失であっても、債務者は、譲渡制限特約を主張して債務履行を拒絶することも、譲渡人に対する債務消滅事由で対抗することもできません。

第7章　債権譲渡・弁済・相殺のしくみ　213

相談 債権譲渡を受けたがどんな手続が必要か

Case 私が経営する会社は、Ａ社に対して1500万円の代金債権をもっています。ところが、Ａ社はこのところ業績不振で、すぐに1500万円の支払は不可能な状態です。仕方がないので、Ａ社がＢ社に対してもっている2000万円の売掛債権の譲渡を受けて、私の会社に対する債務の返済に充てることになりました。この場合、私の会社が確実にＢ社から債権を回収するためには、どのような点に注意すべきでしょうか。

回答 あなたの会社がＡ社からＢ社に対する債権を譲り受け、その後、債権を確実に回収するためには、まず、Ａ社からＢ社に対し「確定日付のある証書による通知」をしてもらうこと、つまり証書の作成日について証拠力を持つ確定日付のある内容証明郵便などを用いて、Ａ社からＢ社に対し債権譲渡の通知をしてもらうことが必要です。これは、債権があなたの会社以外の者に二重譲渡されたとしても、あなたの会社への譲渡が優先するようにしておくためです。

債権譲渡の通知の他には、Ｂ社から「債権の譲渡につき、異議なく承諾した」という旨の文書を確定日付で取得してもかまいません。

なお、このようにして債権の取得を確実にしたとしても注意すべきは、その債権の実質的価値です。つまり、Ａ社がＢ社に対して有する債権の実質的価値は、結局のところ、Ｂ社がその債権に対する支払能力があるかにかかっています。たとえ、あなたの会社が前述したような手続きを踏んで、確実に債権自体を取得しても、Ｂ社が倒産の危機に瀕しているようであれば、それは価値のないものを取得したのと同様となってしまいます。ですから、あなたの会社が確実に自己の債権を回収するには、Ｂ社の資力にも注意する必要があります。

将来債権の譲渡、対抗要件について知っておこう

将来債権を譲渡することも可能である

● 将来債権の譲渡は有効である

　将来債権とは、現在は発生していないが、将来に発生する予定がある債権のことです。たとえば、賃貸人Ａ（譲渡人）が、賃借人Ｂ（債務者）から毎月支払われる予定の賃料債権を、Ｃ（譲受人）に譲渡することが挙げられます。

　改正前民法の下では、将来債権の譲渡に関する明文規定がありませんでしたが、判例がこれを有効であると解していました。平成29年の民法改正では、「債権の譲渡は、その意思表示の時に債権が現に発生していることを要しない」と規定して、将来債権の譲渡が有効であることを明確にしました。つまり、将来債権が譲渡された場合、譲受人は、発生した債権を当然に取得することになります。これにより少なくとも、譲渡された将来債権が発生した後に、当該債権が譲受人の元にあることは明確です。

● 将来債権の譲渡後に付された譲渡制限特約

　平成29年の民法改正では、将来債権の譲渡について、譲渡人が通知をし、または債務者が承諾をする時（対抗要件具備時）までに譲渡制限特約がされた場合は、これによって債権者を固定するという債務者の利益を優先し、譲受人が譲渡制限特約の事実を知っていた（悪意）とみなすことにしています。

　ここで悪意とみなされた譲受人に対して、債務者は、譲渡制限特約を主張して債務の履行を拒むことができ、かつ、譲渡人に対する債務消滅事由をもって対抗することもできます（210ページ）。

第７章　債権譲渡・弁済・相殺のしくみ

● 債権譲渡の対抗要件が問題となるケース

　たとえば、賃貸人A（譲渡人）が、賃借人B（債務者）に対する未払いの賃料債権を、CおよびDに譲渡したとします。CとDの双方がBに対して賃料支払請求をしてきた際に、Bがどちらに未払賃料を支払うべきか、言い換えると、どちらが未払賃料の支払いを受けることができるか、というのが債権譲渡の対抗要件の問題です。

　債権譲渡（将来債権の譲渡を含む）の対抗要件は、譲渡人から債務者への債権譲渡の通知（譲受人からの通知は無効）、または債務者による債権譲渡の承諾（相手方は譲渡人・譲受人を問わない）であると規定されています。

　このとき、債務者に対抗する（債務者対抗要件）には、通知・承諾の方式を問いません。しかし、債務者以外の第三者に対抗する（第三者対抗要件）には、確定日付のある証書（内容証明郵便など）による通知・承諾によらなければなりません。前述のケースで、Cへの譲渡が確定日付のない通知、Dへの譲渡が確定日付のある通知であった場合は、第三者対抗要件を備えたDへの譲渡が優先し、BはDに対して未払賃料を支払う義務を負います。

　また、平成29年の民法改正後も確定日付のある通知が複数届いた場合に関する明文規定はないので、先に債務者に届いた通知に係る譲受人への譲渡が優先するとの判例の見解（到達時説）が適用されます。前述のケースで、Bに届いた通知がともに確定日付のある通知であった場合、Cへの譲渡通知とDへの譲渡通知のうち、どちらか早くBの元へ届いた方の債権譲渡が優先します。なお同時に到達した場合は、債務者は譲受人のいずれかに全額弁済すれば債務は消滅することになります。

3 弁済について知っておこう

債権の給付内容が実現されると債権は消滅する

◉ 弁済が債権消滅原因である

　弁済とは、借金の返済や物品の引渡しなど、債務者または第三者が債務の給付を実現して債権を消滅させることです。つまり、「貸したお金は戻ってくれば、それでよし」という考え方です。買った物であっても、受け取れれば、やはり目的を達します。このように、債権の給付内容を実現させる債務者または第三者の行為が弁済にあたります。普通、お金を返すことを返済といっていますが、民法が対象とするのは、お金を返すことばかりではありません。

　弁済は債権消滅事由のひとつですが、改正前民法はこれを明確にする規定が存在しませんでした。平成29年の民法改正では、「債務者が債権者に対して債務の弁済をしたときは、その債権は、消滅する」と規定し、弁済が債権消滅事由の１つである旨が明確にされています。

　ほとんどの債権の場合は、弁済を完了させるためには債権者が受け取ってくれなければなりません。ただ、債権者が行方不明であったり、わざと受け取らない場合などには、債務者は弁済ができないことになります。その場合には、債務者側で行うことのできる必要な準備行為をして、債権者の受領を求めるところまでいけば、少なくとも履行遅滞の責任は生じません。これを**弁済の提供**といいます。

　債務者は給付内容を給付場所に持参して受領を求めれば、弁済の提供があったことになります。これが**現実の提供**です。また、債権者があらかじめ受領を拒んだ場合には、債務者は債務の弁済に必要な準備を完了して、債権者に取立てにくるよう催告（請求）すれば、弁済の提供の効果が認められます。これを**口頭の提供**といいます。債権者が

第7章　債権譲渡・弁済・相殺のしくみ　217

受領を拒絶するという態様は黙示でもよいと解されています。そして、「弁済に必要な準備」とは、一般的には債権者が翻意して、債権を受領しようと考えたときに、いつでも受領できる体制を整えておく必要があります。特に債権の内容が物の引渡しである場合には、実際の引渡しに必要な保管や、人員体制を整備しておかなければなりません。

● 代物弁済が諾成契約であることを明示

　代物弁済とは、弁済者と債権者との間で、債務者の負担した給付に代えて他の給付をして債務を消滅させる旨の契約（代物弁済契約）をすることです。その後に、弁済者が「他の給付」をすることが「弁済と同一の効力を有する」ため、これにより債権が消滅します。たとえば、Aが借金を返済する代わりに、自己所有の不動産をBに引き渡して借金を消滅させる旨の契約をAB間で行うことです。その後にAが当該不動産をBに引き渡すことで、Aの借金が消滅します。

　改正前民法の下は、代物弁済契約が諾成契約（合意だけで成立する契約）であるか、または要物契約（合意に加えて物の引渡しを必要とする契約）であるかが不明確でした。平成29年の民法改正では、代物弁済契約が「諾成契約」である旨を明確にし、他の給付がなされた時に債権が消滅することにしました。さらに、代物弁済の一方当事者が「弁済者」であると規定し、弁済ができる第三者も代物弁済の当事者となることを明確にしました。

● 第三者も弁済ができるのが原則

　弁済できるのは何も債務者本人だけとは限りません。第三者が債務者のために弁済することも可能です。これを**第三者弁済**といいます。

　第三者弁済は原則として有効ですが、①債務の性質が第三者弁済を許さないとき、および②当事者が第三者の弁済を禁止または制限する旨の意思表示をしたときは、第三者弁済が無効となります。

また、債務者の両親や友人など弁済をすることについて正当な利益（法律上の利害関係）を有しない第三者が、債務者の意思に反して弁済をした場合は、その弁済は無効となります。ただし、債務者の意思に反するか否かは主観的なものであり、債権者が債務者の意思がわからないために弁済を受けることを躊躇することがあってはならないことから、改正民法では、債務者の意思に反することを債権者が知らなかった場合は、有効とされます。

　さらに、改正民法では、債権者は正当な利益を有しない第三者からの弁済（債務者から委託を受けて弁済することを債権者が知っていた

■ **第三者弁済・受領権者以外の者に対する弁済**

・第三者弁済

○ 原則有効
○ 弁済について「正当な利益を有する者でない第三者」は、債権者や債務者の意思に反する弁済をすると無効になる場合がある

■ **第三者弁済の有効・無効**

	債務者・債権者が第三者弁済に反対	債務者が第三者弁済に反対	債権者が第三者弁済に反対
正当な利益有する第三者	無効	有効	有効
正当な利益を有しない第三者	無効	原則：無効 例外：債権者が債務者の意思を知らなかった場合は有効	原則：受領を拒否できる 例外：債務者から依頼されて弁済することを債権者が知っていた場合は受領を拒否できない

第7章　債権譲渡・弁済・相殺のしくみ

場合を除く）についてはその受領を拒絶することができると規定しています。

なお、正当な利益を有する第三者にあたる者としては、物上保証人、抵当不動産の第三取得者（抵当権が設定された不動産を譲り受けた者）、後順位担保権者、借地上の建物の賃借人などが挙げられます。

● 受領権限のない者に対する弁済

たとえば、預金通帳と銀行印を盗んだ者が、銀行の窓口で何食わぬ顔をしてお金を引き出す場合のように、債権者らしい外観を持って現れるような場合があります。もし銀行が預金の支払いに応じるのであれば、改正前民法の下ではそれを「債権の準占有者に対する弁済」と呼んでいました。

平成29年の民法改正では、改正前民法の下での判例・通説をふまえて、債権の準占有者のことを「受領権者以外の者であって取引上の社会通念に照らして受領権者と認められる外観を有するもの」と具体化しました。その上で、受領権限のない者に対する弁済は、弁済者が善意かつ無過失のときに有効となる旨を明記しました。

■ 受領権限のない者に対する弁済

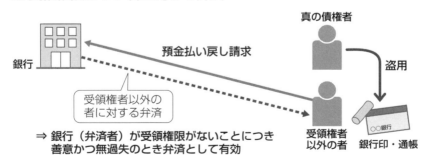

弁済の方法にはどのようなものがあるのか

弁済の方法・時間・場所等に関する規定が置かれている

● 弁済の方法

　弁済の方法に関しては、弁済者が弁済と引換えに、受領者に受取証書の交付を請求できます。その他、以下の注意点があります。

① **特定物の現状引渡しができる場合**

　平成29年の民法改正では、債権の目的が特定物の引渡しである場合は、「契約その他の債権の発生原因及び取引上の社会通念に照らしてその引渡しをすべき時の品質を定めることができない」ときに、弁済者が引渡し時の現状で引渡しをすべきと定めています。

　つまり、特定物に関しては、引渡し時の品質が契約などに照らして確定できないときは、契約締結時の状態ではなく、引渡しの時点（履行期）での現状で引渡しを行えば、債務者は債務不履行責任を負わなくてよいということを意味しています。

　特定物の引渡しについて、債務者は善管注意義務を負いますが、その義務を果たしていれば、履行期までに特定物に起こる状況の変化については、債務者は基本的に責任を負わなくてもよいことになります。

② **預貯金口座への振込みによる弁済**

　口座振込みによる弁済に関しては、債権者の預貯金口座への払込みによる弁済は、債権者が預貯金に係る債権の債務者（銀行・郵貯）に対して預貯金払戻請求権を取得した時（ATMなどで預貯金の引出しが可能となった時）に、弁済の効力が生じると定めています。

③ **弁済の場所・時間**

　弁済の場所に関しては、弁済すべき場所について当事者の特約（別段の意思表示）がないときに、特定物の引渡しは債権発生時にその特

定物が存在した場所で弁済しなければならないと定めています。一方、その他の債務については、原則として債権者の現在の住所が弁済の場所になります。もっとも、売買代金の支払債務については、民法が特則を置いており、目的物の引渡しと同時に売買代金を支払う契約の場合には、目的物の引渡し場所が代金の支払場所になります。

④　弁済の提供について

　弁済の提供とは、債務者として必要な行為をして、債権者の協力を求めることです。弁済の提供により「債務を履行しないことによって生ずべき責任を免れる」とされています。つまり、弁済の提供をすることで債務者は履行遅滞の責任を負わずにすみます。

◉ 弁済の充当

　弁済の充当とは、弁済者が1個または数個の債務の全部を消滅させるのに足りない給付をしたときに、いずれの債務の給付に充てるべきかという問題です。なお、数個の債務の場合は、同一の債権者に対して同種の給付を目的とする数個の債務を負担するときに限り問題とな

■ 弁済の方法に関する規律 ……………………………………………

特定物の現状引渡しができる場合が限定される
➡ 契約などの発生原因や取引上の社会通念に照らして品質を定めることができない場合に限定

預貯金口座への振込みによる弁済の効力発生時を明文化
➡ 払込みに係る金額の払戻しを請求する権利の取得時に弁済の効力発生

弁済の場所・時間に関する規律の追加
➡ 法令・慣習で取引時間の定めがある場合は、取引時間内に限り弁済または弁済請求ができる

弁済の提供で免れるのは履行遅滞責任であるのを明文化
➡ 改正前の通説の解釈を明文化した

ります。たとえば、売買代金債務と貸金債務という同じ金銭債務の履行として、弁済者が金銭の支払い（同種の給付）をした場合に、弁済の充当が問題となります。

まず、①当事者の合意（充当すべき債務の指定）があれば、その合意に従います（合意充当）。次に、当事者の合意がなければ、②弁済者（債務者または第三者）が給付時に指定を行うことができます。一方、弁済者の指定がなければ、③受領者（債権者）が受領時に指定を行うことができます。

②③は指定充当といいます。そして、当事者の合意も指定もなければ、④民法の規定に従って充当を行います（法定充当）。たとえば、債務の中に弁済期にあるものとないものがあるときは、弁済期にあるものに先に充当します。また、債務について元本の他に利息や費用を支払うべき場合は「費用→利息→元本」の順に充当します。

■ 数個の債務の場合の弁済の充当

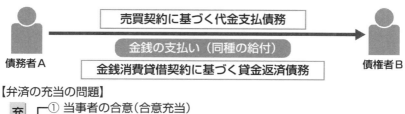

第7章 債権譲渡・弁済・相殺のしくみ 223

相 談 弁済目的物の供託はどのようにすればよいのか

Case 貸金債務を弁済したいのですが、債権者が受領を拒絶しています。弁済者としてはどのような対抗手段があるのでしょうか。また、弁済者が裁判所の許可を得て、弁済目的物を競売に付して、その代金の供託ができる制度があると聞きましたが、どのような制度なのでしょうか。

回 答 弁済目的物の供託は、単に供託と呼ばれることが多く、弁済者が債権者のために弁済の目的物を供託所に預けて、その債務を免れる（債権者の債権を消滅させる）とする制度です。たとえば、AがBに対する100万円の貸金債務を弁済しようとしたが、Bがその受領を拒絶した場合、Aは供託所に100万円を預けることで、Bの貸金債権を消滅させることができます。弁済者は、以下の①〜③のいずれかに該当する場合に、債権者のために弁済目的物の供託ができます。前述のケースはBが受領を拒絶しているので、①に該当します。なお、口頭の提供（債務者が弁済の準備ができたことを債権者に通知し、受領を促すこと）をしても債権者が受領しないことが明らかな場合は、弁済の提供をしなくとも①により供託ができます。

① 弁済の提供をしたが、債権者が受領を拒んだとき。

② 債権者が弁済を受領することができないとき。

③ 弁済者が過失なく権者を確知することができないとき（供託の有効性が争われた場合、現行法上は、債務者に無過失の立証責任がありますが、平成29年の民法改正の施行後は、債権者側に債務者に過失があったことを立証する責任が負わされることになります）。

●自助売却とは

　自助売却とは、弁済者が裁判所の許可を得て、弁済目的物を競売に付して、その代金の供託ができる制度です。弁済者は、以下の①〜④

のいずれかに該当する場合に、自助売却を行うことができます。平成29年の民法改正によって④が追加されたため、自助売却を行えるケースが広がったということができます。たとえば、弁済目的物が生鮮食品のときは①または②に該当し、自助売却が認められると考えられます。

① 弁済目的が供託に適しないとき。

② 弁済目的物に滅失、損傷その他の事由による価格の低落のおそれがあるとき。

③ 弁済目的物の保存に過分の費用を要するとき。

④ ①〜③に掲げる場合の他、弁済目的物を供託することが困難な事情があるとき。

●供託の方法

弁済供託の場合、債務の履行地（債権者の住所地）を管轄する供託所において申請をしなければなりません。申請方法は、直接供託所の窓口に出向いて行う方法の他、郵送やオンラインによっても行うことができます。供託手続きに必要な書類としては、①供託書、②債権者に供託されたことを通知するための供託通知書、③印鑑（認印でも可）、④資格証明書（供託者が法人の場合、作成から3か月以内のもの）、⑤供託金、⑥封筒、⑦郵便切手などです。

●弁済供託の効果

弁済者が弁済目的物または自助売却による代金を供託した時に、債権者の債権が消滅するという効果が発生します。それとともに、債権者には供託物還付請求権が発生します。ただし、債務者が債権者の給付に対して弁済をすべき場合には、債権者は、その給付をしなければ、供託物を受け取ることができません。

5 弁済による代位がなされる場合について知っておこう

弁済を行った第三者は求償権を確保のために債権者の一切の権利を行使できる

◉ 弁済による代位とは

弁済による**代位**とは、弁済を行った第三者が、債務者に対する求償権を確保するため、債権の効力や担保として債権者が有していた一切の権利を行使できるとする制度です。

たとえば、AがBに対して100万円の貸金債務を負担し、貸金債務の担保としてA所有の土地に抵当権を設定していた際に、第三者Cが貸金債務をすべてBに弁済したとします。この場合、Cは、Aに対して100万円の求償権を取得しますので、この求償権を確保するため、A所有の土地の抵当権を実行して競売代金から100万円を回収することができます。

弁済による代位には、①弁済をするについて正当な利益を有する者が弁済したときに債権者に代位する**法定代位**と、②その他の者（正当な利益を有しない者）が弁済したときに債権者に代位する**任意代位**があります。

法定代位の場合は、特段の手続きを経なくても、弁済によって当然に債権者に代位します。法定代位については、債務者の意思に反しても弁済ができる「正当な利益を有する者」が債務を弁済したときに、その弁済者が法定代位者となります。

一方、任意代位の場合、改正前民法の下では弁済と同時に債権者の承諾を得ることを必要としていました。しかし、弁済を受領しながら代位を拒絶することには問題があるとされ、平成29年の民法改正では債権者の承諾を不要としました。この結果、正当な利益がなくても、弁済によって当然に債権者に代位することになりました。法定代位と

任意代位の相違点は、任意代位の場合に限り、債権譲渡の対抗要件を備えなければ、債権者に対して代位した事実を対抗できないことに求められます。

● 弁済による代位の効果

債権者に代位した者（法定代位者・任意代位者）は、「債権の効力及び担保として債権者が有していた一切の権利」を行使することが可能です。具体的には、債権の担保として設定していた抵当権・質権などを行使することや、履行遅滞による損害賠償請求権を行使することなどが考えられます。ただし、この場合の「一切の権利」の行使は、債権者に代位した者が「自己の権利に基づいて債務者に対して求償をすることができる範囲内」（求償権の範囲内）に限定されます。前述のケースでＣが100万円の回収ができるとするのは、ＣのＡに対する求償権が100万円であるからです。

また、平成29年の民法改正では、共同保証人間の弁済による代位の効果が条文化されました。具体的には、保証人の１人が他の保証人に対して債権者に代位する場合は、自己の権利に基づき他の保証人に対して求償ができる範囲内としました。

■ 弁済による代位

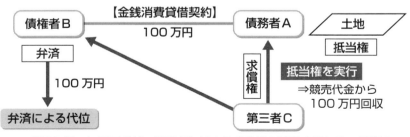

弁済を行った第三者が、債務者に対する求償権を確保するため、債権の効力や担保として債権者が有していた一切の権利を行使できる

法定代位者相互の関係について知っておこう

代位者が複数いる場合等において公平を考慮した規定が置かれている

◉ 法定代位者相互間の関係

　法定代位者が競合する場合の関係について、まず、弁済をした保証人や物上保証人は、第三取得者に対して債権者に代位するのが基本です。この点につき、改正前民法の下では、第三取得者に代位する場面で、保証人や物上保証人が抵当権などの登記に代位を付記しておくこと（付記登記）が要求されていました。しかし、平成29年の民法改正では、付記登記をすることが不要となります。

　たとえば、AがBに対して1000万円の貸金債務を負担し、この債務の担保としてAが家屋に抵当権を設定し、Cが保証人となった後、家屋をDに売却したとします。この場合、Cが1000万円全額を弁済すれば、Aに代位してDの家屋の抵当権を実行することができます。

　その他の法定代位者相互間の関係は、次のようになります。

① 第三取得者と保証人・物上保証人との関係

　弁済をした第三取得者は、保証人や物上保証人に対して債権者に代位しません。つまり、第三取得者は、保証人に保証債務の履行を請求したり、物上保証人の担保を行使できません。たとえば、上記のケースで、Dが1000万円全額を弁済しても、Aに代位してCに対して保証債務の履行を請求できません。

② 第三取得者同士の関係

　弁済をした第三取得者の１人は、各財産（担保目的の財産）の価格に応じて、他の第三取得者に対して債権者に代位します。

③ 物上保証人同士の関係

　弁済をした物上保証人の１人は、各財産の価格に応じて、他の物上

保証人に対して債権者に代位します。たとえば、前述のAがBに対して1000万円の貸金債務を負担しているケースで、C（不動産価額が1500万円）とD（不動産価額が500万円）が物上保証人であったとします。この場合、各物上保証人の不動産の価額の比率は「3対1」ですので、それぞれの負担部分は「Cが750万円、Dが250万円」ということになります。このとき、Cが1000万円全額を債権者Aに対して弁済したとすると、CはAに代位して、Dに対して、Dの負担部分である250万円について支払請求を行うことができます。

④ 保証人と物上保証人との関係

保証人と物上保証人との関係は複雑ですので、まずは保証人が複数いる場合について考えてみましょう。保証人が複数いる場合、それぞれの保証人の負担部分は、頭数に応じて定まります。

たとえば、前述のAがBに対して1000万円の貸金債務を負担しているケースで、CとDが保証人であったとします。この場合、保証人が2人いるので、各保証人の負担部分はC・Dともに500万円ずつとなります。したがって、Cが1000万円を債権者Aに対して弁済したとすると、Cは債権者Aに代位して、Dに対して、500万円について支払請求することが可能になります。これにより、弁済を先に行って、法

■ 第三取得者と保証人との関係

第7章 債権譲渡・弁済・相殺のしくみ

定代位をする前後関係によって、保証人の一方のみが不当に有利に扱われることを防いでいるのです。

そして、保証人と物上保証人との間は、頭数に応じて債権者に代位します。ただし、物上保証人が数人あるときは、保証人の負担部分を除いた残額につき、各財産の価格に応じて債権者に代位します。

⑤　第三取得者や物上保証人の譲受人への適用

第三取得者から担保目的の財産を譲り受けた者は、第三取得者とみなして①②を適用します。一方、物上保証人から担保目的の財産を譲り受けた者は、物上保証人とみなして①③④を適用します。

◉ 一部弁済による代位は債権者とともに行う

改正前民法の下では、債権の一部の弁済があった場合の代位（一部弁済による代位）について、代位者が単独で抵当権を実行できるとする判例がありました。しかし、平成29年の民法改正では判例の見解を採用せず、代位者による単独での権利行使を認めていません。具体的には、「債権者の同意を得て、その弁済をした価額に応じて、債権者とともにその権利を行使することができる」とともに、「債権者は、単独でその権利を行使することができる」ことにしています。

たとえば、BがAに1000万円の貸金債務を負担し、Bが自己所有の土地に抵当権を設定しているとしましょう。CがAに対して300万円を一部弁済した場合、CはAの同意を得て、Aとともに土地の抵当権を行使することができます。

また、債権者が行使する権利は、「その債権の担保の目的となっている財産の売却代金その他の当該権利の行使によって得られる金銭」について、代位者の行使する権利に優先します。上記のケースで、土地が800万円で競落されたとすると、まずA（債権者）が700万円の弁済を受け、残り100万円の弁済をC（代位者）が受けます。

● 債権者による担保の喪失・減少

　弁済をするについて正当な利益を有する者（法定代位権者）がある場合に、債権者が故意または過失によって担保を喪失・減少させたときは、法定代位権者は、代位するにあたって担保の喪失・減少によって償還を受けられなくなる限度で、その責任を免れます（法定代位権者の責任減免）。

　たとえば、前述のケースで、債権者Aの過失により抵当権のついた家屋が損傷して価値が800万円に減少した場合、保証人Cは、1000万円のうち200万円分の償還を家屋から受けられなくなるため、この200万円分について責任を免れます。

　また、法定代位権者が物上保証人である場合には、物上保証人から担保目的の財産を譲り受けた第三者やその特定承継人も、法定代位権者の責任減免の効果を主張することができます。

　ただし、債権者が担保を喪失・減少させたことにつき「取引上の社会通念に照らして合理的な理由がある」ときは、法定代位権者の責任減免の効果が生じないとの例外があります。

■ 一部弁済による代位

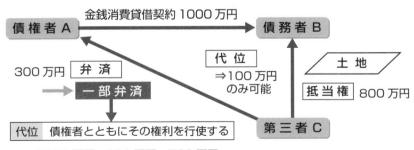

相殺について知っておこう

意思表示により互いに持ち合っている債権を消し合うことができる

● 相殺とは

　相殺とは、お互いの貸し借りや損得などを対当額で消し合う意思表示のことです。たとえば、AがBに100万円の貸金債権を有し、BがAに100万円の売買代金債権を有する場合に、お互いの債権（債務）を100万円（対当額）で消し合うというAまたはBの意思表示が相殺です。このとき、相殺の意思表示をする者の債権を自働債権、相殺の意思表示をする者の債務（相手方の債権）を受働債権といいます。本来、2つの債権が存在する以上、お互いの弁済が必要になりますが、相殺することにより実際の弁済が不要になります。

　相殺の制度は、簡易迅速な決済を可能にする機能と、実質的な債権回収を図る機能（相殺の担保的機能）を有しています。

　簡易迅速な決済を可能にするとは、実際には金銭を授受することなく、債権債務関係を決済することが可能になります。そして担保的機能とは、相殺は対立する債権債務がその対当額の範囲では、相手が弁済してくれなくても回収できる、という意味で相互に担保的機能を果たし、当事者の公平を図っているということです。つまり、仮に債務者が多重債務を負っており、債務の返済が困難になってしまっても、相殺を行うことで債権を実質的に回収することができ、他の一般債権者に対して実質的に優先することができます。実務上は、この担保的機能が重要です。

　たとえば、AがBに200万円の債権を、BがAに200万円の債権をもっていたとして、Aが何らかの事情で返済資力が不十分になってしまった場合を考えましょう。

このとき相殺が許されないとすると、Aからは弁済が受けられないのに、一方的にBは弁済を強要されるに等しいことになりかねません。相殺をすることによって、このような不公平な事態を回避することができます。

銀行の総合口座も担保的機能を利用したものです。総合口座では、定期預金の残高がある場合、その一定割合を自動的に借りることができます。銀行は預かったお金がありますから、たとえ債務者が無一文になって貸しつけた金銭を返さない場合であっても、預金債権と相殺し、実質的には融資金を回収したのと同様の効果を導くことができます。

したがって、意思表示のみによって、金銭などを供出せずに債務を免れる効果を得られるのが、相殺の大きな特徴です。

◉ 相殺の要件等

相殺の意思表示を行うための要件は、①２人がお互いに同種の目的を有する債務を負担している、②双方の債務が弁済期にある、③債務の性質上相殺が許されない場合ではない、④相殺禁止に該当しない、の４つです。これらの要件を満たして相殺の意思表示ができる状態を**相殺適状**といいます。

要件①の「同種の目的を有する債務」は、双方の債務が物の給付を目的とするときに問題となるのに対し、金銭を目的とするときは特に問題となりません。また、要件②について、受働債権は弁済期到来前でも期限の利益（190ページ）を放棄して弁済することができることから、弁済期前であっても相殺することができます。したがって、②の要件は実質的には、自働債権の弁済期が到来しているかどうかを問題にしているといえます。要件③については、主に現実に給付が行われなければ無意味であるような債務については、相殺を行うことはできません。たとえば、歌手の出演契約における歌唱等を行う債務は、実際に行われなければ意味がないものですから、仮に債務者が債権者

第7章　債権譲渡・弁済・相殺のしくみ　233

に対して反対債権を持っていても、相殺を認めることはできません。

　以下、改正前民法からの制度変更もある要件④を説明します。

● 相殺禁止とは何か

　相殺禁止とは、債務の性質にかかわらず、当事者の意思表示または法令の規定によって、相殺が許されない場合のことで、以下の４つに分類されます。

① 相殺制限特約がある場合

　平成29年の民法改正では、相殺を禁止または制限する意思表示（相殺制限特約）は、これを知りまたは重大な過失で知らなかった第三者に対抗できるとしています。改正前民法の下では「善意の第三者に対抗することができない」としていましたが、債権の譲渡制限特約（208ページ）との整合性より、悪意または重過失がある第三者には相殺制限特約を対抗できるとしています。

② 不法行為債権等を受働債権とする場合

　不法行為債権等を受働債権とする相殺禁止については、改正前民法から大きな制度変更が行われています。改正前民法の下では、不法行為により生じた債権を受働債権とする相殺を一律に禁止していました。しかし、平成29年の民法改正では、損害賠償債務が人の生命・身体の侵害により生じたか否かで区別しています。

　まず、人の生命または身体の侵害（死亡または負傷）による損害賠償債務を受働債権とする相殺は、一律禁止されます。この場合は被害者に現実かつ速やかな給付を受けさせる必要性が高いからです。また、この場合に相殺を認めることで、不法行為の誘発につながる恐れがあるためです。一方、人の生命または身体の侵害以外の不法行為（名誉毀損、物損など）の場合は、現実給付の必要性が当然には高くないため、悪意による不法行為に基づく損害賠償債務を受働債権とする相殺のみが禁止されています。ここでの「悪意」とは、単に知っているだ

けでは足りず、積極的加害意図が必要であると解されています。

③ 差押えを受けた債権を受働債権とする場合

差押えを受けた債権を受働債権とする相殺については、判例（無制限説）とその反対説（制限説）とで見解の対立がありましたが、平成29年の民法改正では判例を採用しています。つまり、差押えを受けた債権の第三債務者は、差押後に取得した債権による相殺をもって差押債権者に対抗できないのに対し、差押前に取得した債権による相殺をもって差押債権者に対抗できる旨を明確にしています。

たとえば、AがB（第三債務者）に100万円の甲債権を有し、BがAに100万円の乙債権を有する場合、その後にAの債権者（差押債権者）が甲債権を差し押さえても、乙債権は差押前に発生しているため、Bは甲債権を受働債権とする相殺が可能となります。

④ 差押禁止債権を受働債権とする相殺

差押禁止債権を受働債権とする相殺は禁止されています。差押禁止

■ 不法行為債権等を受働債権とする場合の相殺禁止

【改正前】

　不法行為により生じた債権を受働債権とする相殺を一律禁止

損害賠償債務が人の生命・身体の侵害で生じたか否かで区別

【改正後】

　人の生命または身体の侵害（死亡または負傷）による損害賠償債権を受働債権とする相殺は一律禁止される

　→被害者に現実の給付を受けさせる必要性が高い

　人の生命または身体の侵害以外の不法行為の場合は、悪意（積極的加害意思）による不法行為に基づく損害賠償債権を受働債権とする相殺のみが禁止される

　→物損などは現実給付の必要性が当然には高くない

債権の例として、生活扶助請求権や給与債権などがあります。

● 相殺の効果

相殺の意思表示は、条件や期限を付することができず、相殺適状時に遡って効力を生じます。平成29年の民法改正では、自働債権・受働債権が複数ある場合に、相殺をする債権者の債権（自働債権）が、債務者に対して負担する債務（受働債権）の全部を消滅させるのに足りないときは、当事者の充当合意がある場合を除き、相殺適状が生じた時期の順序に従って充当されます。特に元本・利息・費用の充当の順番について充当合意がないときは、指定充当を認めず、法定充当によるとしたことは、改正前民法の下での判例の見解とは異なる規定になっています。

■ 差押えを受けた債権を受働債権とする場合の相殺禁止

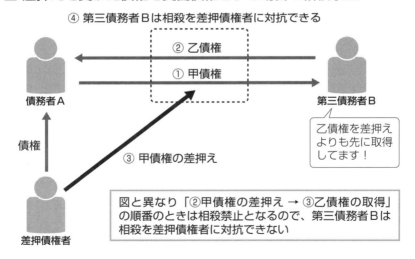

8 債権譲渡と相殺の関係について知っておこう

対抗要件を備えた時点より前に取得した債権を自働債権とする相殺ができる

● 債権譲渡と相殺が問題となるケース

たとえば、A（譲渡人）がB（債務者）に対して100万円の甲債権を有するとともに、BもAに対して100万円の乙債権（反対債権）を有する場合、Aが甲債権をC（譲受人）に譲渡した後になって、Bは乙債権を自働債権とし、甲債権を受働債権とする相殺ができるか、というのが「債権譲渡と相殺」の問題です。

改正前民法の下では、債権譲渡の通知を受ける前から債権者に対して反対債権を有していた債務者は、両債権の弁済期の先後を問わず、相殺適状に達すれば、当該反対債権を自働債権とし、被譲渡債権を受働債権とする相殺ができるとした判例があります。前述のケースにあてはめると、甲債権の譲渡通知を受ける前に、Bは乙債権（反対債権）を取得しているので、Bは、甲債権・乙債権の両債権が相殺適状

■ 債権譲渡と相殺の関係

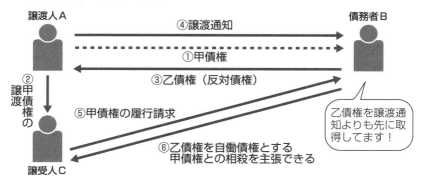

第7章 債権譲渡・弁済・相殺のしくみ　237

に達したときに、乙債権を自働債権とし、甲債権を受働債権とする相殺ができることになります。

平成29年の民法改正では、判例の見解を基本として、「債務者は、対抗要件具備時より前に取得した譲渡人に対する債権による相殺をもって譲受人に対抗することができる」としています。つまり、対抗要件具備時を基準として、それより前に譲渡人に対する債権（反対債権）を取得した債務者は、弁済期の先後を問わず、相殺適状に達すれば、反対債権による相殺を譲受人に主張できることになります。

◉ 対抗要件具備後に反対債権を取得した場合

平成29年の民法改正では、対抗要件具備時より後に債務者が取得した譲渡人に対する債権（反対債権）が、①対抗要件具備時より「前の原因」に基づいて生じた債権、または②「譲受人の取得した債権の発生原因である契約」に基づいて生じた債権である場合は、反対債権による相殺をもって譲受人に対抗できるとしています。これは債務者による相殺の期待利益の保護を重視したものです。

ただし、①または②に当てはまる反対債権であっても、その反対債権が対抗要件具備時より後に他人から取得したものである場合は、反対債権による相殺によっても譲受人に対抗できません。また、①または②に当てはまらない場合は、もちろん対抗要件具備後に取得した反対債権による相殺を譲受人に対抗できません。

たとえば、Aの債務者Bが、AC間の債権譲渡の対抗要件具備前の譲渡人Aの不法行為を原因として、対抗要件具備後にAに対する損害賠償債権（治療費など）を取得した場合、不法行為が①の「前の原因」に該当するため、Bは損害賠償債権を自働債権とする相殺を譲受人Cに対抗できます。

第8章

支払猶予の申出や
倒産の危険がある
場合の対処法

1 債務者の危険信号を察知しよう

危険を察知したら具体的な行動を起こさなければならない

◉ 危ない取引先とのつきあい方

　債権回収に問題が生じ始めているということは、相手方の信用状態が悪化しているということであるため、相手方の信用状態の悪化が一時的なものであるのか、慢性的なものなのかを、慎重に調査・検討しなければなりません。ここで検討することは取引を継続すべきか、打ち切るべきか、ということです。継続するか打ち切るかの判断は、その取引先が営業上重要な相手かどうかということと、債権が焦げつくおそれの有無を比較検討して結論を出すことになります。

　たとえば、売上や利益のかなりの部分を占めている債務者であったり、長いつき合いの債務者であったりする場合は、重要な相手といえるでしょう。ただ、通常は、債権の保全策を十分にとれるかどうかがポイントとなります。十分に保全策をとれるようであれば取引継続、そうではない場合は取引打ち切りということに傾きます。

　取引先が手形の不渡りを出すかもしれないという情報が入ってきたら、できれば、取引先の役員か担当者に直接、会社の状況がどうなっているか聞くようにします。結果的に、情報が間違いだったような場合を除いて、このような状況になったら、ただちに商品を引きあげるなどの回収行動をとらなければなりません。

① **情報を収集する**

　状況確認と会社と代表者（役員）の資産内容を具体的に調べます。

② **自社商品を引きあげる**

　前もって書面で相手方の同意をとっておきます。また、自社に商品の所有権がない場合は、返品扱いにしてもらうようにします。出荷途

中の商品がある場合は、すぐに出荷を中止します。また、新規出荷の停止の手配もただちに行うようにします。

③ 他社商品を引きあげる

書面で相手方の同意をとった上で、他社の商品を引きあげます。

④ 債権を譲り受ける

取引先の顧客に対する売掛金は残っている可能性が高いですから、この売掛金を譲渡してもらい、その日のうちに配達証明付内容証明郵便で、顧客（取引先から見ると債務者）に対する債権譲渡通知を取引先に行ってもらうようにします（自分の会社が債権譲渡通知をしても無効です）。一刻を争いますから、債権譲渡契約書と債権譲渡通知書は、譲渡対象債権を空欄にしてあらかじめ持参するぐらいの準備が必要になります。ただし、債権譲渡は担保としてとるもので代物弁済ではないことを明示しておくようにします。

⑤ 現金などでの回収を図る

手持ちの現金を受けとったり、受取手形を裏書してもらいます。

⑥ 代物弁済を受ける

資産価値を有するものがあれば、本来の給付に代わるものとして受けておきます。

⑦ 債務引受を依頼する

まだ事業継続の可能性が残されている場合は、親密な取引先にも債務を引き受けてもらう（併存的債務引受け）という手段があります。これにより債務の保証を受けたことと同様の効果があります。

⑧ 商事留置権などを有効活用する

商事留置権の活用は、倒産寸前の取引先が再建型の法的倒産手続をとる予定で、自社としても今後も取引を継続する必要性がある場合などに有効です。

商事留置権とは、商法に定められた特別な留置権のことです。民法で定められた留置権（15ページ）よりも債権者を強く保護しています。

第8章　支払猶予の申出や倒産の危険がある場合の対処法　241

2 危険な債務者から債権をどうやって回収するのか

さまざまな担保を検討することが必要になる

◉ 一般債権者だったらどうなる

　抵当権や仮登記担保などがあれば別ですが、担保権の設定を受けていない一般債権者の場合、債権を回収または確保するためには、かなりの努力をしなければなりません。以下では、標準的な対応策を示しておきます。

① 情報の収集

　まず第一に、正確な情報を収集・確認することから始めます。そして、正確な状況が把握できたら、今度は、その取引先との債権債務関係を調べます。その際、弁済期がまだ来ていない債権債務も含めて、どれだけの金額になるのか調べておきます。弁済期が来ていなくても、「期限の利益の喪失」によってすぐに全額を請求できることもあるからです。

② 債権の回収

　情報の収集ができたら、迅速に債権の回収にとりかかります。債権回収は対象となる財産によって、方法が異なってきます。

・動産の場合

　取引先が倉庫や工場内に動産を所有しているケースでは、その動産を譲り受けることで債務の弁済の代わりとする方法があります。これを代物弁済といいます。取引先が代物弁済に同意したら、その旨を明記した書面（契約書）を必ず作成しておきます。

　また、売買という形式で、売買代金と債権を相殺する方法もあります。その場合も書面にして残しておきます。

・債権の場合

お互いに債権債務があれば相殺することもできます。その場合は早急に相殺通知を作成して、取引先に内容証明郵便で送付します。取引先が別の第三者に対して売掛債権などの債権をもっている場合は、債権譲渡により債権を回収する方法もあります（239ページ）。

● 他の債権者と協調することも

　企業が瀕死の状態になると、各債権者は競って自分の債権の回収を図ります。そこで、債権額の多い債権者が中心となって、債権者組合といえるようなグループを作って、協調して債権の回収にあたることもあります。基本的には、債権額に比例して債権を回収していきます。

● 物的担保の設定を受けておく

　保証人（連帯保証人を含む）などの人的担保が立てられているケースでは、とにかく保証人の資産状況を調べて、そこから債権の回収ができるのかを検証します。人的担保は意外にあてにならないので、くれぐれも注意してください。もし、債務者や保証人が不動産などを所有している場合には、抵当権などの設定を受けておくべきでしょう。

■ 調査から回収へ

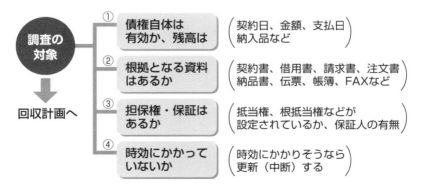

ただし、倒産寸前の会社が所有している不動産に抵当権などの担保権を設定する行為は、債権者や破産管財人から詐害行為取消権や否認権を行使される危険性がりますので、注意が必要です。

● 全部を回収することは難しい

　取引先が倒産寸前だ、という情報をキャッチしたら、事態は一刻を争います。あらかじめ、取引先倒産に備えた対策マニュアルなどがあれば、マニュアルに従って手を打っていきましょう。取引先が倒産しそうだという情報を早めにつかんだとしても、100％債権を回収できるとは思わないことです。倒産するまでに50％でも回収できたら、大成功です。

　慌てて取引先へ押しかけて行って、債権回収を迫ったところで、倒産寸前という状況では、支払いなどしてもらえません。また、仮に手形をもらってきても、近いうちに不渡り（支払いを拒絶されること）になってしまうのは、目に見えています。債務者である取引先に対して、買掛金（仕入代金）や借金などの債務があれば、その支払期限が到来していることが前提ですが、その債務と自己の債権を相殺するということもできます。これは、実質的には回収したのと同じです。もちろん、抵当権などの担保権があって、その実行が可能な場合には、すぐに担保権を実行する手続きをとりましょう。取引先が通常の経済活動をしているのであれば、その取引先も、他の取引先に対して債権をもっているものです。その債権が、回収できる可能性の高いものである場合には、債権譲渡（債務者が他にもっている債権を譲り受けること）を受けることを考えてみるのもよいでしょう。

　取引先が債権譲渡の交渉に応じない場合には、債権の仮差押（80ページ）を検討するのもよいでしょう。たとえば、仮差押をする債権が売掛金債権である場合には、その債権の相手先（債務者）を探し出して、債権が他に譲渡されるのを防ぐ手段を講じることができます。

相談 倒産寸前の相手から未回収の売掛代金を回収したい

Case ここのところ、家電販売店であるＡ商店への売掛代金の回収ができない状況が続いています。Ａ商店に交渉に行ったところ、倒産寸前の状態になっていて店長からも支払猶予を求められるありさまでした。このままＡ商店と取引を続けていてはこちらも連鎖倒産の危険があるので早速取引を停止して、売掛代金の回収を急ぐことにしました。Ａ商店にはもう資金がないようですが何かよい方法はないでしょうか。

回答 Ａ商店が倒産寸前であるとすると、店主の個人財産を含めて目ぼしい財産はすでに担保に入っていることでしょう。このような倒産間際の債務者から債権回収を図る手段として取引社会で活用されているのが代物弁済を受けるという手法です。具体的には、Ａ商店は家電製品の販売店であることから、あなたの持つ売掛代金債権（金銭債権）に相当する額の家電製品を代物弁済してもらうことにより回収します。

代物弁済契約は合意によって成立しますが、現実に目的物を引き渡さない限り債務が消滅したことになりません。信用不安が生じると他の債権者も代物弁済で債権回収を図ろうとするのが通常ですから、債権を回収するには現実に目的物の引渡しを受けておく（家電製品の占有をあなたの手元に移す）必要があるのです。

代物弁済契約により受け取った物を売却したところ、あなたが持っている売掛金債権額に及ばなかったとしても、差額の請求はできません。債務は代物弁済によって消滅しているからです。ですから代物弁済を受ける際には慎重に目的物の価格を評価する必要があります。

なお、代物弁済は抜け駆け的な方法なので、詐害行為（債務者のした債権者を害するための財産減少行為）として、他の債権者により後

第8章 支払猶予の申出や倒産の危険がある場合の対処法 245

日取り消されてしまう可能性があるので注意してください。

相談 **支払猶予を頼まれたがどう対処すればよいか**

Case 知人Aに50万円を貸しました。相手は、知った仲であったため、その際に借用証書を作りませんでした。口約束では、半年後に返すということになっていました。先日、期限が来たので、返済を迫りました。ところが、Aは「手元に余裕がないのであと半年待ってくれ」と言うのです。待つのはかまわないのですが、返ってこないのでは困ります。このように返済を猶予する場合、確実に貸金を回収するにはどんな方法をとればよいのでしょうか。

回答 債権回収をするための強力な手段が控えていれば、相手は「今度は必ず返済しなければ」という精神状態になります。具体的には次のようなことが考えられます。

まず、今回支払を猶予するにあたっては、必ず借用証書（金銭消費貸借契約書）を作ってください。正式な借用証書があるのとないのでは、返済について相手に与える心理的な強制の度合いが違います。

さらに、その契約書を公正証書の形式で作成するのです。公正証書というのは、あなたと知人が公証役場に出向いて、契約の存在を公に認めてもらうものです。これは、相手にかなりの圧力を与えることができます。それに加えて、できれば公正証書による契約書に「強制執行認諾文言」をつけてください。これによって、借主が弁済を怠ったときに、裁判手続を経ることなしに、すぐに強制執行を申し立てて、債務者である借主の財産を差し押さえることが可能となります。

こうしておけば、Aが再び支払期限に弁済を怠った場合に、あなたは、Aの財産をすぐに差押え・競売し、その売却代金からあなたの貸金の50万円を回収することができます。

246

相談 分割払いへの変更を求められたがどう対処すればよいか

Case 　私の友人Aは事業をしていますが、不況のために資金繰りに困っていました。そのため、私は彼に懇願されて、昨年、200万円を貸しました。ところが、今年に入って返済期限が来たので、Aに返済を請求したところ、「銀行の融資がまだ厳しいので、支払を猶予してほしい。できれば分割払いにしてもらいたい」というのです。Aのためにも支払自体は猶予してあげようと思うのですが、分割払いにしてもいいのか迷っています。

回答 　債務者から支払猶予を頼まれた場合、誰でもその対処には困ります。まず、3か月後に返済してもらうとして、3か月後の一括払いとするのがよいでしょうか。その方が債権管理という点では楽かもしれません。しかし、こまめに債務者の状況を把握しにくくなり、不安を抱き続けなければなりません。

　この点、毎月末の分割払いとすると支払い状況を毎月確認できますので安心です。しかし今度は「今月は苦しいので待ってほしい」とさらに猶予を頼まれたり、何の連絡もなく支払いがなされない場合も想定されます。

　そこで分割払いの契約で通常利用される手段が「期限の利益喪失」の取り決めです。これは、支払いの何回かを債務者が怠った場合には、残額すべてについて、契約で決めておいた返済期限が来るのを待たずに全額の支払義務が発生する、という取り決めです。

　なお、債権を回収できない可能性が強まっていることは確かなので、一括払いにするか分割払いにするかとは別に、保証人を立てる、不動産などの担保（抵当権や譲渡担保など）を提供してもらうといった要求を債務者にしておくと、効果的でしょう。

第8章　支払猶予の申出や倒産の危険がある場合の対処法　**247**

相 談 支払猶予の条件としてどのようなものが考えられるか

Case ３年ほど前に、私は知人Ａに対して３年の期限で500万円を
貸しました。そのとき借用書も差し入れてもらっています。

　先日、返済期限が到来したので、私はＡに500万円を請求しました。
ところが、Ａは、「新規で始めた事業が軌道に乗り始めています。も
う少ししたらまとまった金が入るので、しばらく返済を猶予してくだ
さい」と言ってきました。現在ないものは取り立てられないことはわ
かっていますが、このまま不良債権となってしまう危険性がないとは
いえません。私としては、どうすればよいのでしょうか。

回 答 支払いを猶予する条件として、貸金債権に担保をつけること
を債務者に要求するのがよいでしょう。担保には次のようなものがあ
ります。

① 保証人・連帯保証人

　債務者の親戚・知人などに、Ａの貸金債務を保証してもらう方法が
あります。できれば且なる「保証人」よりも「連帯保証人」になって
もらうべきです。保証人はＡが支払えないことが判明して、はじめて
支払うことになりますが、連帯保証人は弁済期限が過ぎれば、Ａと同
様に支払わなければならないからです。なお、保証人や連帯保証人の
ことを「人」の資産を当てにするので人的担保といいます。ただし、
支払能力のある人でなければ人的担保の意味がありません。

② 抵当権・質権・譲渡担保など

　不動産や動産の所有者と担保権の設定契約を結ぶことにより、その
不動産や動産をあてにすることができます（これらの担保を物的担保
といいます）。特に不動産を担保とするときには、それを登記しなけ
れば、第三者に対して担保権を主張できないので注意が必要です。

相 談　借金の担保として手形が振り出される場合の注意点

Case　先日、知人Ａから、Ａの経営するＢ会社名義で500万円を借りたい旨の申出がありました。その際「Ｂ会社名義で、あなたを受取人として、借入れの弁済期を期日とし、金額も借入金の額と同じにした手形を、支払のために振り出す」と言われました。私は、この申出にどのような対応を取ればよいでしょうか。

回 答　まず、あなたが500万円を貸したときの法律関係を整理してみます。第1に、あなたは、Ｂ社に対して500万円の貸金債権を持つことになります。次に、「支払のために」手形が振り出されているので、手形による500万円の支払請求権も取得します。そして、この両者は併存しますから、あなたは弁済期日に手形で請求することも、貸金の返済を直接請求することも可能です（もちろん、両方の権利を行使して1000万円の支払を受けることはできません）。

　ただ、注意すべき点は、両方の請求権を持っていても、Ｂ会社に資金がなければ、現実には、500万円の回収ができないことです。つまり、返済を確実にするために手形を振り出してもらっても、Ｂ会社名義である限り、Ｂ会社に資金がなければあまり意味がありません。

　そこで、以下のような交渉をしてみてはいかがでしょうか。まず、手形の振出はＢ会社名義にするとしても、受取人をＡ（Ａに個人資産が乏しいなら、資金力のある第三者Ｃ）にしてもらって、あなたは、Ａ（あるいはＣ）から手形を「裏書」によって取得します。こうすれば、期日に手形金を請求して、Ｂ会社に資金がないため不渡りになっても、あなたは、裏書人Ａ（あるいはＣ）に対して手形金の支払を請求できます（これを遡求といいます）。

第8章　支払猶予の申出や倒産の危険がある場合の対処法　249

相 談 機械の売買代金の返済を貸金の返済に変更するとどうなる

Case 取引先企業の経営者Ａの紹介で、当社が所有していた機械を
Ｂ社に売却しました。その際、代金の支払いについてはＡが保証人と
なりました。後日、Ｂ社から「代金を弁済期日までに返済できないの
で、代金を借りたことにして返済期日を延期してほしい」との申出が
あり、これを受け入れました。ところが、返済期日になっても返済さ
れません。そこで、Ａに返済を求めたところ、「私は、機械の代金の
支払いを保証したが、貸金の返済については保証していない」と言わ
れ、支払いを拒絶されてました。Ａに返済してもらうことはできない
のでしょうか。

回 答 貴社とＢ社が行った契約は、準消費貸借契約といい、何らかの
理由で負担していた金銭の支払義務を、後からお金を借りたことに
変更する契約です。今回のケースのように簡単に金銭の弁済期日を延
期することができるなど利点が多く、実社会でも非常に多く利用され
ています。

　では、準消費貸借契約が結ばれると、売買契約の代金債務（旧債
務）の保証人は、準消費貸借の金銭返還債務（新債務）についても保
証することになるのでしょうか。今回のケースで準消費貸借契約を結
んだ理由は、もっぱら代金の弁済期日を延期する点にあり、お金を支
払う義務があるという主要な部分には変更がないので、旧債務と新債
務は同一性があるといえるでしょう。したがって、保証人は、準消費
貸借の金銭返還債務についても保証することになります。

　なお、債務の時効消滅については、旧債務を基準とすると、時効期
間の起算点が早まり、債権者に不利益な結果となるので新債務を基準
にするというのが判例の立場です。以上より、貴社はＡに貸金の返還
を請求できます。

3 倒産について知っておこう

担保権は保護される場合がある

● 倒産とはどのような状態か

「倒産」という言葉は事実上の用語であって、法律上の用語ではありません。法律の世界では、確かに「倒産法」という呼称はありますが、それは、会社などがこのような状態に至ったときに適用される法律を総称したものです。つまり、倒産した場合に適用される法律は複数あり、各法律に応じて手続や債権者への対応は異なります。たとえば、財産を管理する権限が債務者から管財人に移されて、すべての財産が整理された上で、債権者たちに公平に分配される手続があります。これは清算型の倒産手続と呼ばれています。会社の立て直しを目的としていないので、手続が終了すると会社は消滅します。

清算型の倒産手続としては、破産手続が代表的です。破産手続は、裁判所への破産手続開始決定の申立てをすることから始まります。申立てもないのに裁判所が勝手に介入してくることはありません。

申立てを受けて手続が始まると、債務者は自分の財産といえども処分することはできなくなります。自由に債務を返済することも許されなくなります。そして、債権者であっても債権を回収することは、原則としてできなくなります。債務者の財産は、裁判所の選任する破産管財人が管理・処分します。つまり、債務者の財産を現金に換金した上で、債権者に対して債権額に応じて公平に分配します。なお、会社が破産する場合、破産手続終了後、会社は消滅することになります。

● 担保権への影響

債務者が破産した場合に、破産財団（債務者に対して破産手続開始

決定前の原因に基づいて生じた財産上の請求権のことです）に属する特定の財産から、破産手続きによらないで優先的に弁済を受けることができる権利のことを**別除権**といいます。別除権として認められるのは、抵当権、質権、商事留置権、譲渡担保権などです。これらの権利については、債務者の破産によって影響を受けることなく、優先的に弁済を受けることができます。

　たとえば、債務者に対して抵当権を有している場合、その債務者の破産手続開始決定後であっても、抵当権者は、いつでも破産者（債務者）の所有している不動産を競売にかけることができ、競売代金から優先して債権の弁済を受けることができます。破産者に対して債権を有する者は、原則としてその債権が破産財団に含まれるため、破産手続きの配当によって弁済を受けますが、別除権である抵当権を有していれば、破産手続きとは関係なく弁済を受けることができます。

　また、担保権の実行手続きが開始されている場合に、破産手続きが開始したとしても、その担保権の実行手続きは中止しません。通常の債権者が強制執行手続きを行っている場合は、債務者が破産手続きが開始されると、強制執行手続きが中止します。この点で、担保権の実行手続きと通常の強制執行手続きは異なっています。

◉ 相殺権とは

　相殺とは、自分が相手に対して持っている債権（自働債権）と、相手が自分に対して持っている債権（受働債権）を対当額で消滅させることをいいます。破産手続きの中では、相殺を行うための条件が通常の場合とは異なっています。通常の相殺とは異なり破産者に対する債権の弁済期が到来していない場合や、債権の一方が金銭債権でない場合でも相殺が可能です。また、破産者に対する債権が解除条件付のものであっても相殺はできます。解除条件付の債権とは、ある条件を満たすと債権は消滅するという条件がつけられている債権です。

● **否認権とは**

　債務者は、支払不能の状況になってくると、急場をしのぐために安価で所有財産を処分したり、財産を隠すことも少なくありません。こうした行為がなされると、本来であれば破産手続開始決定によりすべての債権者に平等に分配されるはずの債務者の財産が、一部の債権者だけに割り当てられるなどして、不公平です。また、偏頗行為も債権者を著しく害する行為にあたります。偏頗行為とは、破産者が負担している特定の債務のみを弁済したり、特定の者に対してだけ担保を提供する行為のことをいいます。

　そこで、破産した債務者が破産手続開始決定の直前に債権者を害する行為をした場合、破産管財人には、その行為の効力を否定して失われた財産を破産財団に回復させる権利が認められています。これを**否認権**といいます。

● **再建型の民事再生手続について**

　破産手続とは異なり、民事再生手続では傾きかけている債務者を再生させることを目的としています。

　そのため、裁判所の介入する程度も破産手続よりゆるやかなものとなっています。債務者の再生のために「再生計画案」が作成され、債権者の賛成によって成立します。債権者の2分の1の賛成があれば成立するので、要件としてはかなり緩やかになっているといえます。

■ **法的な倒産制度のしくみ**

相 談　取引先が倒産したので売掛債権と借金を相殺したい

Case　私は布地の卸売りをする会社を経営しています。いつも卸
売りをしている得意先の紳士服販売業者Ａに対して、売掛債権500
万円を持っています。また、別口の取引があって、わが社はＡ社に
500万円の借金もあります。ところが、Ａ社が突然破産しました。
Ａ社の破産管財人をしている弁護士によると、債権者の配当はおそ
らく債権額の10％程度になるとのことでした。これでは大損ですが、
破産した以上仕方ないのでしょうか。

回 答　本ケースでは、あなたの売掛債権とあなたに対する借金を相
殺することができます。相殺とは、同じ種類の債権を相互にもつ者同
士が、簡易に決済をするためにこの債権を消滅させる制度です。

　相殺は、日常取引においてもよく行われます。では、取引の相手方
が破産した場合にも相殺という手段は使えるのでしょうか。

　通常の破産事件では、債権者は抵当権などの優先的な担保権がな
い限り、債権の全額を回収することはまず無理です。本ケースでも、
500万円の10％である50万円だけが配当される見込みです。一方、破
産者に対して債務を負っている者は全額、破産管財人から返済を請求
されます。あなたも500万円請求されます。しかし、これでは、あま
りに酷といえるでしょう。そこで、相手（Ａ社）が破産手続開始後で
あっても、相殺できることになっています。本ケースでは、同じ種類
の債権（金銭債権）が破産手続き開始前からあったわけですから、あ
なたは500万円の借金を帳消しにするとともに、500万円の売掛債権を
回収できます。破産管財人に対して、内容証明郵便によって、相殺の
意思表示をしましょう。

相 談 融資先の会社が倒産したが代表者に返済を請求できるか

Case 私は、友人Ａが代表取締役をしているＢ株式会社に1000万円を融資しました。株式会社とはいっても、Ａの家族全員で経営する小規模な会社で、株主はＡとその家族です。私としてはＡ個人に対して融資したつもりでした。先日、Ｂ会社が手形の不渡りにより事実上倒産しました。そこでＡに1000万円の支払いを求めたところ、Ｂ会社の借金であり、自分とは無関係であるとして支払いを拒まれました。Ａの主張は認められるのでしょうか。

回 答 現実の社会では、会社とは名ばかりで、取引上の信用などを高めるために株式会社の形態をとることも珍しくありません。

しかし、株式会社は法人とされるので、株式会社自身が権利を持ったり、義務を負ったりしています。そして、株式会社は、その所有者ともいえる株主が有限責任を負うに過ぎないとされています。有限責任とは、株式会社が債務を負っていても、株主は、すでに株式会社に対して出資をすませているので、株式会社に代わって債務の返済を求められることはないというものです。したがって、1000万円の返済義務を負うのは、ＡではなくＢ株式会社となりますから、Ａの主張はその点では正しいといえるでしょう。ただし、取引先が株式会社の取締役に対して損害賠償を請求できる場合があります。たとえば、ＡがＢ株式会社の経営が傾いて倒産間近となり、あなたに返済できないとわかっていながら、融資を受けたような場合です。

株式会社とその経営者や株主とはあくまで別ですので、経営者であるＡに責任を取らせるためには、Ａを保証人にする、Ａの個人財産に抵当権を設定するなど、あなたとＡとの間で、何らかの担保を設定しておくことが重要だといえます。

第8章 支払猶予の申出や倒産の危険がある場合の対処法　255

【監修者紹介】

松岡　慶子（まつおか　けいこ）

認定司法書士。大阪府出身。神戸大学発達科学部卒業。専攻は臨床心理学。音楽ライターとして産経新聞やミュージック・マガジン、クロスビート、CDジャーナルなどの音楽専門誌等に執筆経験がある。2013年4月司法書士登録。大阪司法書士会会員、簡裁訴訟代理関係業務認定。大阪市内の司法書士法人で、債務整理、訴訟業務、相続業務に従事した後、2016年に「はる司法書士事務所」を開設。日々依頼者の方にとって最も利益となる方法を模索し、問題解決向けて全力でサポートしている。
監修書に『図解で早わかり　商業登記のしくみ』『図解で早わかり　不動産登記のしくみと手続き』『福祉起業家のためのNPO、一般社団法人、社会福祉法人のしくみと設立登記・運営マニュアル』『入門図解　任意売却と債務整理のしくみと手続き』『最新　不動産業界の法務対策』（いずれも小社刊）がある。

はる司法書士事務所
大阪府大阪市中央区平野町3-1-7　日宝平野町セントラルビル605号
電話：06-6226-7906
mail　harulegal@gmail.com
http://harusouzoku.com

事業者必携
抵当・保証の法律と担保をめぐるトラブル解決法

2017年12月30日　第1刷発行

監修者	松岡慶子
発行者	前田俊秀
発行所	株式会社三修社
	〒150-0001　東京都渋谷区神宮前2-2-22
	TEL　03-3405-4511　FAX　03-3405-4522
	振替　00190-9-72758
	http://www.sanshusha.co.jp
	編集担当　北村英治
印刷所	萩原印刷株式会社
製本所	牧製本印刷株式会社

©2017 K. Matsuoka Printed in Japan
ISBN978-4-384-04776-9 C2032

JCOPY 〈出版者著作権管理機構　委託出版物〉

本書の無断複製は著作権法上での例外を除き禁じられています。複製される場合は、そのつど事前に、出版者著作権管理機構（電話 03-3513-6969　FAX 03-3513-6979　e-mail: info@jcopy.or.jp）の許諾を得てください。